שָׁלוֹם עִבְרִית 1

Welcome to Modern Hebrew

Nili Ziv

Editorial Consultant: Pearl Tarnor

Behrman House Publishers

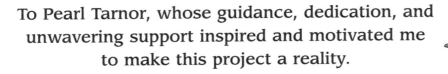

To Pearl Tarnor, whose guidance, dedication, and
unwavering support inspired and motivated me
to make this project a reality.

N.Z.

Dear Student,

You are about to begin reading your very first modern
Hebrew book, *Shalom Ivrit*. In it, you will meet the playful
characters Bar the Mouse and Malmalah the Ant. They will
help you read—*and understand*—a variety of short stories,
poems, and rhymes about Jewish holidays, school activities,
family life, and things that are just plain fun!

May you find much joy and success in learning the modern
language of the Jewish people.

Nili Ziv

The spelling of selected words includes full vowels (כְּתִיב מָלֵא).

Book and Cover Design:
Pronto Design Inc.

Illustration:
Nicole in den Bosch
John Holm

The publisher gratefully acknowledges the cooperation of the following
sources of photographs:

Creative Image Photography 15, 43, 51, 59, 115; **Kevin Dodge/Corbis** 76;
Francene Keery 24; **Saul H. Landa** 90; **Richard Lobell** 30 (bottom), 69, 98;
Hara Person 30 (top).

Contents

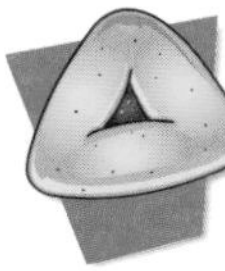

chapter 1

שָׁלוֹם

Meet Doron, Dinah, and their friend Bar. Who is Bar?

אֲנִי דוֹרוֹן, אֲנִי יֶלֶד.
שָׁלוֹם דוֹרוֹן.

אֲנִי דִינָה, אֲנִי יַלְדָּה.
שָׁלוֹם דִינָה.

אֲנִי בָּר, אֲנִי עַכְבָּר.
שָׁלוֹם בָּר.

מִילוֹן

hello	שָׁלוֹם
I	אֲנִי
boy	יֶלֶד
girl	יַלְדָּה
mouse	עַכְבָּר

מִי בַּבַּיִת?

הִנֵּה בַּיִת.
מִי בַּבַּיִת?

אִמָּא בַּבַּיִת.
אַבָּא בַּבַּיִת.

שָׁלוֹם אִמָּא.
שָׁלוֹם אַבָּא.

מִילוֹן

who	מִי
in the	בַּ___
house	בַּיִת
here is, here are	הִנֵּה
mother	אִמָּא
father	אַבָּא
yes	כֵּן
lives (m/f)	גָּר/גָּרָה

עַכְבָּר בַּבַּיִת!
עַכְבָּר בַּבַּיִת?
כֵּן, עַכְבָּר בַּבַּיִת.

אֲנִי בָּר.
אֲנִי עַכְבָּר.
אֲנִי בַּבַּיִת גָּר.

5

Word Match

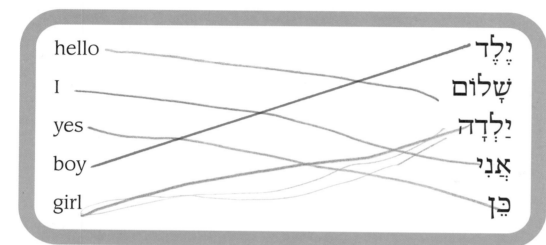

Connect the Hebrew word to its English meaning.

hello	יֶלֶד
I	שָׁלוֹם
yes	יַלְדָּה
boy	אֲנִי
girl	כֵּן

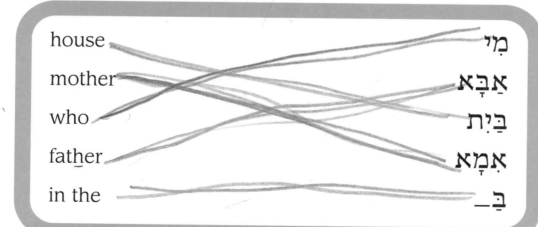

house	מִי
mother	אַבָּא
who	בַּיִת
fat<u>h</u>er	אִמָּא
in the	בַּ__

Family Portraits

These are pictures of our family. Put the number of each name plate under its matching picture.

3

1. יֶלֶד
2. יַלְדָּה
3. אִמָּא
4. אַבָּא
5. עַכְבָּר
6. אֲנִי

1

4

5

Draw a picture of yourself.

6

2

Hello!

Say hello to the family. Add the word שָׁלוֹם and match the sentence to the picture.

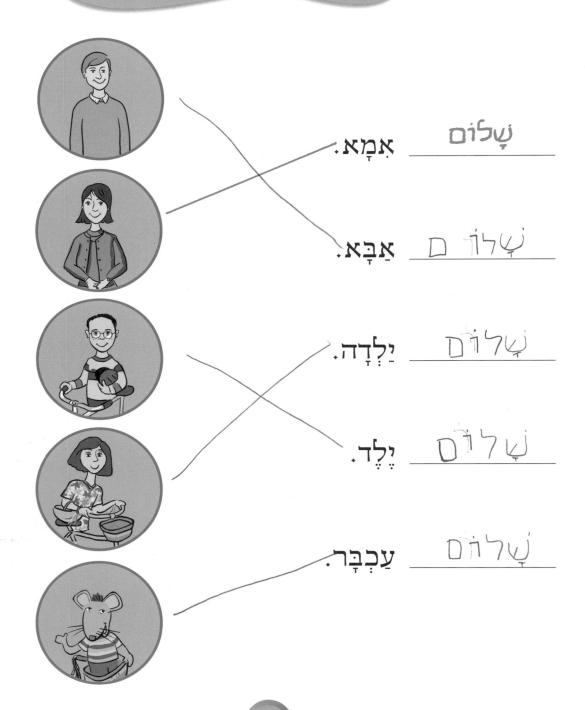

שלום אִמָּא.

שלום אַבָּא.

שלום יַלְדָּה.

שלום יֶלֶד.

שלום עַכְבָּר.

Who Is Home?

Write the number of each picture next to the matching word. Then complete the sentence.

3 יֶלֶד בַּבַּיִת .

4 יַלְדָּה בַּבַּיִת .

1 אַבָּא בַּבַּיִת .

2 אִמָּא בַּבַּיִת .

5 עַכְבָּר בַּבַּיִת .

chapter 2

אֵיפֹה הַדְּבַשׁ?

What is missing?

רֹאשׁ הַשָּׁנָה.
הַמִּשְׁפָּחָה בַּבַּיִת.

אַבָּא: יֵשׁ נֵרוֹת?
אִמָּא: כֵּן, הִנֵּה נֵרוֹת.

דוֹרוֹן: יֵשׁ חַלָּה?
דִּינָה: כֵּן, הִנֵּה חַלָּה.

אִמָּא: יֵשׁ יַיִן?
אַבָּא: כֵּן, הִנֵּה יַיִן.

דִּינָה: יֵשׁ תַּפּוּחַ?
דוֹרוֹן: כֵּן, הִנֵּה תַּפּוּחַ.

אַבָּא: יֵשׁ דְּבַשׁ?
דִּינָה: לֹא!
דוֹרוֹן: לֹא!

מִשְׁפָּחָה: אֵיפֹה הַדְּבַשׁ?

מִילוֹן

where	אֵיפֹה
the	הַ__
family	מִשְׁפָּחָה
there is, there are	יֵשׁ
no	לֹא
and	וְ__
good (m/f)	טוֹב/טוֹבָה

תַּרְמִילוֹן

honey	דְבַשׁ
the New Year	רֹאשׁ הַשָּׁנָה
Happy New Year	שָׁנָה טוֹבָה

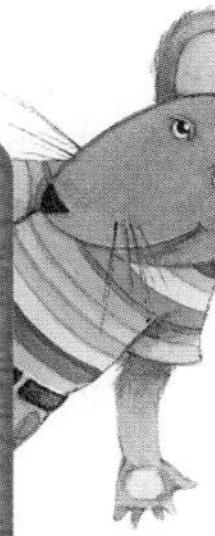

נֵרוֹת
תַּפּוּחַ

אִמָּא: הִנֵּה דְבַשׁ!
הַדְּבַשׁ טוֹב.

דוֹרוֹן: שָׁנָה טוֹבָה אִמָּא.
דִינָה: שָׁנָה טוֹבָה אַבָּא.

אִמָּא: שָׁנָה טוֹבָה דִינָה וְדוֹרוֹן.
אַבָּא: שָׁנָה טוֹבָה מִשְׁפָּחָה.

Greeting Cards

To whom do we say שָׁנָה טוֹבָה ? In each card write the Hebrew for the person listed.

שָׁנָה טוֹבָה

אִמָּא

mother

שָׁנָה טוֹבָה

אַבָּא

father

שָׁנָה טוֹבָה

יַלְדָּה

girl

שָׁנָה טוֹבָה

יֶלֶד

boy

Word Match

Write the number of each item that is on the table for רֹאשׁ הַשָּׁנָה next to its matching Hebrew word.

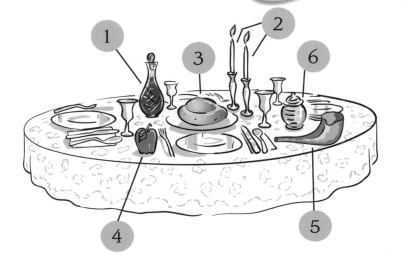

חַלָּה ③	דְּבַשׁ ⑥		
נֵרוֹת ②	שׁוֹפָר ⑤		
יַיִן ①	תַּפּוּחַ ④		

Write the Hebrew word below the matching picture.

יַיִן

דְּבַשׁ

תַּפּוּחַ

נֵרוֹת
תַּפּוּחַ
יַיִן
דְּבַשׁ
שׁוֹפָר
חַלָּה

שׁוֹפָר

נֵרוֹת

חַלָּה

קוֹל שׁוֹפָר

Have you ever heard the sound of the shofar?

טוּ, טוּ, טוּ,
קוֹל שׁוֹפָר.

שָׁנָה טוֹבָה,
שָׁנָה טוֹבָה.

שָׁנָה טוֹבָה לְאַבָּא,
שָׁנָה טוֹבָה לְאִמָּא.

שָׁנָה טוֹבָה,
שָׁנָה טוֹבָה,
לְיֶלֶד וְיַלְדָּה.

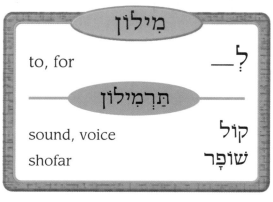

מִילוֹן	
to, for	לְ —

תַּרְמִילוֹן	
sound, voice	קוֹל
shofar	שׁוֹפָר

14

טוּ, טוּ, טוּ, לְיֶלֶד וְיַלְדָּה
יֵשׁ שׁוֹפָר.

A Special Voice

אבקגדוהזלחט

יכשלמונספעצר

**Circle every third letter in each Hebrew line above.
Write the circled letters in the blank spaces below.**

ק ו ל ___ ש ו פָ ר

Challenge: Write the meaning of these two words.

The sound of the shofar.

הָעַכְבָּר בַּשּׁוֹפָר

Who is in the shofar?

בַּבַּיִת גָּר
בָּר הָעַכְבָּר.
טוֹב בַּבַּיִת
לָעַכְבָּר.

טוּ טוּ טוּ
הִנֵּה שׁוֹפָר.
מִי בַּשּׁוֹפָר?
בָּר הָעַכְבָּר!

בָּר הָעַכְבָּר
גָּר בַּשּׁוֹפָר!

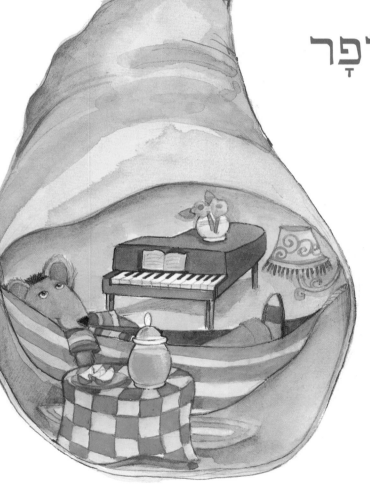

He or She?

Hebrew verbs have different endings for boys and girls. The verb גָּר is for a boy. The verb גָּרָה is for a girl.

Circle the correct word in each sentence.

1. דּוֹרוֹן (גָּר)/גָּרָה בַּבַּיִת.

2. דִּינָה גָּר/(גָּרָה) בַּבַּיִת.

3. אִמָּא גָּר/(גָּרָה) בַּבַּיִת.

4. אַבָּא (גָּר)/גָּרָה בַּבַּיִת.

5. יֶלֶד (גָּר)/גָּרָה בַּבַּיִת.

6. יַלְדָּה גָּר/(גָּרָה) בַּבַּיִת.

7. עַכְבָּר (גָּר)/גָּרָה בַּבַּיִת.

8. אֲנִי (גָּר)/גָּרָה בַּבַּיִת.

chapter 3

בַּסוּכָּה

Who is the surprise guest in the sukkah?

אִמָא: אַבָּא, אַתָּה בַּסוּכָּה?
אַבָּא: לֹא, אֲנִי בַּבַּיִת.

אִמָא: דוֹרוֹן, אַתָּה בַּסוּכָּה?
דוֹרוֹן: לֹא, אֲנִי לֹא בַּסוּכָּה.

אִמָא: דִינָה, אַתְּ בַּסוּכָּה?
דִינָה: לֹא, אֲנִי לֹא בַּסוּכָּה.

אִמָא: הַמִשְׁפָּחָה לֹא בַּסוּכָּה....
מִי בַּסוּכָּה?

סַבָּא: אֲנִי בַּסוּכָּה.
הִנֵּה לוּלָב.
סַבְתָּא: גַּם אֲנִי בַּסוּכָּה.
הִנֵּה אֶתְרוֹג.
עַכְבָּר: גַּם אֲנִי בַּסוּכָּה!
חַג שָׂמֵחַ!

מִילוֹן

you (m)	אַתָּה
you (f)	אַתְּ
grandfather	סַבָּא
grandmother	סַבְתָּא
also	גַּם
holiday	חַג

תַּרְמִילוֹן

sukkah	סוּכָּה
lulav	לוּלָב
etrog	אֶתְרוֹג
happy holiday	חַג שָׂמֵחַ

עַכְבָּר בַּסוּכָּה

It's raining and it's cold. Everyone has left the sukkah except Bar. Why isn't Bar cold?

גֶשֶׁם. קַר.
מִי בַּסוּכָּה?

הַמִשְׁפָּחָה בַּסוּכָּה? לֹא.
הַיְלָדִים בַּסוּכָּה? לֹא.

מִי בַּסוּכָּה?
הָעַכְבָּר בַּסוּכָּה!

מִילוֹן

rain	גֶשֶׁם
cold	קַר
children, boys	יְלָדִים
to the, for the	לָ__, לַ__
box	קוּפְסָה

בָּר הָעַכְבָּר
בַּסוּכָּה גָר.
בַּסוּכָּה גָר?
בַּסוּכָּה קַר!

לֹא קַר לָעַכְבָּר?

בָּר הָעַכְבָּר
בַּקוּפְסָה גָר.
בַּקוּפְסָה לֹא קַר.
טוֹב לָעַכְבָּר.

What's in the Sukkah?

Read the words inside the sukkah. Write them in the correct blank spaces below.

נֵרוֹת חַלָּה קוּפְסָה
עַכְבָּר לוּלָב אֶתְרוֹג

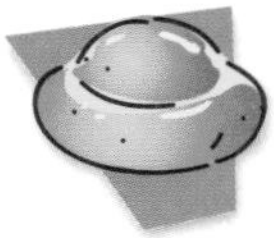

1. חָלָה __________ בַּסוּכָּה.

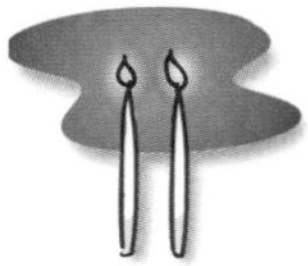

2. נֵרות __________ בַּסוּכָּה.

3. אֶתרוג __________ בַּסוּכָּה.

4. לולָב __________ בַּסוּכָּה.

5. קופְסָה __________ בַּסוּכָּה.

6. עַכְבָּר __________ בַּסוּכָּה.

Solve the Puzzle

Complete the puzzle by choosing the correct word from the list below. Copy the words from the puzzle to complete each sentence.

אִמָא תַּפּוּחַ חַלָה שָׁלוֹם דִינָה

1. אִמָא _____ בַּסוּכָּה.

2. שָׁלוֹם _____ בַּסוּכָּה.

3. תַּפוּת _____ בַּסוּכָּה.

4. חַלָח _____ בַּסוּכָּה.

5. דִינָה _____ בַּסוּכָּה.

1. א מ א
2. ש ל ו ם
3. ת פ ו ח
4. ח ל ה
5. ד י נ ה

Complete the sentence by writing the letters from the blue boxes.

מִשְׁפָּחָה בַּסוּכָּה.

Copy the complete sentence. _____ מִשְׁפָּחָה בְּסוּכָּה

תּוֹרָה–מַתָּנָה טוֹבָה

What is our greatest gift?

חַג שָׂמֵחַ, חַג שָׂמֵחַ,
חַג שִׂמְחַת תּוֹרָה.

חַג שָׂמֵחַ, חַג שָׂמֵחַ,
חַג שִׂמְחַת תּוֹרָה.

תּוֹרָה, תּוֹרָה,
מַתָּנָה טוֹבָה.

תּוֹרָה, תּוֹרָה,
מַתָּנָה טוֹבָה.

מִילוֹן

Torah	תּוֹרָה
gift	מַתָּנָה

תַּרְמִילוֹן

Simḥat Torah	שִׂמְחַת תּוֹרָה

הִנֵּה תּוֹרָה.

מִילוֹן

goes, walks (m/f)	הוֹלֵךְ/הוֹלֶכֶת
coat	מְעִיל
hat	כּוֹבַע
umbrella	מִטְרִיָּה

גֶשֶׁם

What do you need on cold, rainy days?

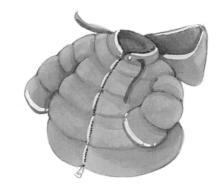

דוֹרוֹן: שָׁלוֹם אִמָּא,
אֲנִי הוֹלֵךְ.
אִמָּא: דוֹרוֹן, אַתָּה הוֹלֵךְ?
יֵשׁ גֶשֶׁם...קַר!
דוֹרוֹן: כֵּן, אֲנִי הוֹלֵךְ.
שָׁלוֹם אִמָּא.

אִמָּא: הִנֵּה מְעִיל.
דוֹרוֹן: טוֹב, שָׁלוֹם אִמָּא.

אִמָּא: הִנֵּה כּוֹבַע.
דוֹרוֹן: טוֹב, שָׁלוֹם אִמָּא.

אִמָּא: הִנֵּה מִטְרִיָּה.
דוֹרוֹן: אִמָּא...שָׁלוֹם.
אִמָּא: שָׁלוֹם דוֹרוֹן.

לְדוֹרוֹן יֵשׁ מְעִיל,
לְדוֹרוֹן יֵשׁ כּוֹבַע,
לְדוֹרוֹן יֵשׁ מִטְרִיָּה.
לְדוֹרוֹן לֹא קַר.
דוֹרוֹן הוֹלֵךְ.

25

checkpoints

chapters 1-3

Circle the English words that mean the same as the Hebrew.

girl	hello	where	good	שָׁלוֹם	.1
there is	lives	thank you	goes, walks	הוֹלֵךְ	.2
hot	to	cold	the	קַר	.3
rain	gift	box	house	גֶשֶׁם	.4
who	here is	also	in the	הִנֵּה	.5
family	box	apple	coat	מְעִיל	.6
sound	mouse	hat	grandfather	כּוֹבַע	.7
you (for a boy)	yes	and	I	אַתָּה	.8
grandmother	umbrella	light	girl	מִטְרִיָּה	.9
to the	who	where	there is	יֵשׁ	.10

26

Checkpoint 2

Write the English for the Hebrew words inside the raindrops.

candles apple
gift children box
family house
where who I

1. נֵרוֹת candles
2. קוּפְסָה box
3. מִשְׁפָּחָה family
4. יְלָדִים children
5. מַתָּנָה gift
6. אֵיפֹה where
7. בַּיִת house
8. תַּפּוּחַ apple
9. מִי who
10. אֲנִי I

chapter 4

מִשְׁפָּחָה

David is not sure whether he is big or small, especially when he compares himself to his sister and brother.

אֲנִי דָוִד.
יֵשׁ לִי מִשְׁפָּחָה.
אָח דָנִי
וְאָחוֹת לִילִי.

הָאָח דָנִי—גָּדוֹל.
הָאָחוֹת לִילִי—קְטַנָּה.
אֲנִי—לֹא גָּדוֹל וְלֹא קָטָן.

מִילוֹן

I have	יֵשׁ לִי
brother	אָח
sister	אָחוֹת
big (m/f)	גָּדוֹל/גְּדוֹלָה
small (m/f)	קָטָן/קְטַנָּה
what	מַה

Big or Small?

Connect the picture to the correct Hebrew phrase.

אָח גָדוֹל
אָח קָטָן

אָחוֹת גְדוֹלָה
אָח קָטָן

אָחוֹת קְטַנָּה
אָח גָדוֹל

אָחוֹת קְטַנָּה
אָחוֹת גְדוֹלָה

דָוִד: דָנִי, אֲנִי גָדוֹל?
דָנִי: לֹא, אַתָּה קָטָן!

דָוִד: לִילִי, אֲנִי קָטָן?
לִילִי: לֹא, אַתָּה גָדוֹל!

דָוִד: אִמָא, אֲנִי גָדוֹל?
אֲנִי קָטָן?
מַה אֲנִי?

מִי קָטָן? מִי גָדוֹל?

אֵיפֹה הָאָח? אֵיפֹה הָאָחוֹת?

All in the Family

Write your Hebrew name on the blank line. Draw a picture of you and your family.

אֲנִי מִיָּה. יֵשׁ לִי מִשְׁפָּחָה.

Ella
me
Mom
Dad

Using the words in the list below, write sentences about *your* family.

אַבָּא	~~אִמָּא~~	~~סַבָּא~~	סַבְתָּא	אָח גָּדוֹל
אָחוֹת גְּדוֹלָה	אָח קָטָן	~~אָחוֹת קְטַנָּה~~		

יֵשׁ לִי אַבָּא.

יֵשׁ לִי אָחוֹת קְטַנָּה.

יֵשׁ לִי אִמָּא.

יֵשׁ לִי סַבָּא וְסַבְתָּא.

מִילוֹן

everyone	כּוּלָם
next to	עַל-יַד
table	שׁוּלְחָן
wants (m/f)	רוֹצֶה/רוֹצָה
bread	לֶחֶם
maybe	אוּלַי
cake	עוּגָה

תַּרְמִילוֹן

eat (pl)	אוֹכְלִים
happy (pl)	שְׂמֵחִים

לִילִי לֹא, לֹא

Why does the family call the little sister "Lili Lo, Lo"?

כּוּלָם עַל-יַד הַשּׁוּלְחָן.
כּוּלָם אוֹכְלִים.

אִמָּא: לִילִי, אַתְּ רוֹצָה לֶחֶם?
לִילִי: לֹא, לֹא.

דָּוִד: לִילִי, אַתְּ רוֹצָה חַלָּה?
לִילִי: לֹא, לֹא.

דָּנִי: לִילִי, אַתְּ רוֹצָה תַּפּוּחַ?
לִילִי: לֹא, לֹא.

אִמָּא: דָּוִד, אוּלַי לִילִי רוֹצָה עוּגָה?
דָּוִד: לֹא, לֹא.

מִילוֹן

happy (m/f)	שָׂמֵחַ/שְׂמֵחָה
cries (m/f)	בּוֹכֶה/בּוֹכָה
or	אוֹ

כּוּלָם אוֹכְלִים עוּגָה.
כּוּלָם שְׂמֵחִים.
לִילִי לֹא שְׂמֵחָה, לִילִי בּוֹכָה.

לִילִי: אֲנִי רוֹצָה עוּגָה. אֲנִי רוֹצָה עוּגָה.

דָּנִי: לִילִי לֹא, לֹא. לִילִי לֹא רוֹצָה...

לִילִי: אֲנִי רוֹצָה, אֲנִי רוֹצָה, כֵּן, כֵּן, כֵּן!

דָּוִד: לִילִי לֹא, לֹא אוֹ לִילִי כֵּן, כֵּן?

33

He or She?

Hebrew verbs and adjectives have different endings for boys and girls. The verb רוֹצֶה is for a boy. The verb רוֹצָה is for a girl. The adjective שָׂמֵחַ is for a boy. The adjective שְׂמֵחָה is for a girl.

Read each sentence and circle the word that best completes it.

1. לִילִי רוֹצֶה / רוֹצָה עוּגָה.
2. דָנִי רוֹצֶה / רוֹצָה לֶחֶם.
3. לִילִי לֹא שָׂמֵחַ / שְׂמֵחָה.
4. דָוִד שָׂמֵחַ / שְׂמֵחָה.

Word Match

Circle the English word that means the same as the Hebrew.

children	family	sister	1. מִשְׁפָּחָה
what	where	when	2. מַה
you have	we have	I have	3. יֵשׁ לִי
after	on	next to	4. עַל-יַד
where	maybe	when	5. אוּלַי
eats	wants	cries	6. בּוֹכֶה

אֲנִי קְטַנְטַנָה

What does Malmalah the ant want to eat?

אֲנִי נְמָלָה
אֲנִי מַלְמַלָה.

אֲנִי לֹא גְדוֹלָה
אֲנִי קְטַנְטַנָה.

יֵשׁ בַּבַּיִת לֶחֶם?
הַלֶחֶם קָטָן.

יֵשׁ בַּבַּיִת עוּגָה?
הָעוּגָה קְטַנָה.

יֵשׁ בַּבַּיִת חַלָה?
הַחַלָה גְדוֹלָה!

כֵּן, כֵּן, כֵּן, אֲנִי רוֹצָה!
אֲנִי רוֹצָה חַלָה גְדוֹלָה!

מִילוֹן	
נְמָלָה	ant
קְטַנְטַנָה	very small (f)

chapter 5

בַּכִּתָּה

Who is the new teacher?

דָוִד בָּא לַכִּתָּה.
הַיְלָדִים בַּכִּתָּה. שֶׁקֶט בַּכִּתָּה.

דָוִד: הַמּוֹרָה בַּכִּתָּה?
יְלָדִים: לֹא, הַמּוֹרָה לֹא בַּכִּתָּה.
דָוִד: מִי הַמּוֹרָה?
שָׂרָה: מוֹרָה חֲדָשָׁה.
דָוִד: מוֹרָה טוֹבָה?
שָׂרָה: כֵּן, מוֹרָה טוֹבָה מְאֹד.

הַמּוֹרָה בָּאָה לַכִּתָּה.

הַמּוֹרָה: שָׁלוֹם יְלָדִים.
הַיְלָדִים: שָׁלוֹם מוֹרָה.

הַמּוֹרָה כּוֹתֶבֶת עַל הַלּוּחַ:
כִּתָּה טוֹבָה.

שָׂרָה: הַכִּתָּה טוֹבָה
כִּי הַמּוֹרָה טוֹבָה.
הַמּוֹרָה: הַמּוֹרָה טוֹבָה
כִּי הַיְלָדִים טוֹבִים!

מִילוֹן

class, classroom	כִּתָּה
comes (m/f)	בָּא/בָּאָה
quiet	שֶׁקֶט
teacher (m/f)	מוֹרֶה/מוֹרָה
new (m/f)	חָדָשׁ/חֲדָשָׁה
very	מְאֹד
writes (m/f)	כּוֹתֵב/כּוֹתֶבֶת
on	עַל
chalkboard	לוּחַ
because	כִּי

תַּרְמִילוֹן

good (pl)	טוֹבִים

37

דּוֹרוֹן בַּכִּתָּה

Is Doron prepared for school?

מוֹרָה: שָׁלוֹם דוֹרוֹן.

דוֹרוֹן: שָׁלוֹם מוֹרָה.

מוֹרָה: הִנֵּה כִּסֵּא, הִנֵּה שׁוּלְחָן.
יֵשׁ לְךָ מַחְבֶּרֶת?

דוֹרוֹן: יֵשׁ לִי מַחְבֶּרֶת
אֲבָל אֵין לִי עִפָּרוֹן.

מוֹרָה: יֵשׁ לְךָ סֵפֶר?

דוֹרוֹן: יֵשׁ לִי סֵפֶר
אֲבָל אֵין לִי מִשְׁקָפַיִם.

מוֹרָה: אֵיפֹה הַמִּשְׁקָפַיִם, דוֹרוֹן?
אֵיפֹה הָעִפָּרוֹן?

דוֹרוֹן: אוּלַי בַּבַּיִת?
אוּלַי בָּאָרוֹן?

מִילוֹן

chair	כִּסֵּא	
you have (m/f)	יֵשׁ לְךָ/יֵשׁ לָךְ	
notebook	מַחְבֶּרֶת	
but	אֲבָל	
I do not have	אֵין לִי	
pencil	עִפָּרוֹן	
book	סֵפֶר	
eyeglasses	מִשְׁקָפַיִם	
closet	אָרוֹן	

He or She?

Hebrew adjectives have different endings for boys and for girls. The adjective חָדָשׁ is for a boy (or a masculine word). The adjective חֲדָשָׁה is for a girl (or a feminine word).

Write the word that best completes each sentence.

חָדָשׁ/חֲדָשָׁה?

מוֹרָה חֲדָשָׁה. מוֹרֶה חָדָשׁ. כִּתָּה חֲדָשָׁה.

He or She?

The verb כּוֹתֵב is for a boy.   The verb בָּא is for a boy.
The verb כּוֹתֶבֶת is for a girl.   The verb בָּאָה is for a girl.

Write the word that best completes each sentence.

כּוֹתֵב/כּוֹתֶבֶת

שָׂרָה כּוֹתֶבֶת.
דָּוִד כּוֹתֵב.

בָּא/בָּאָה

דָּוִד בָּא לַכִּתָּה.
שָׂרָה בָּאָה לַכִּתָּה.

39

Picture Match 1

Check (✓) the sentence that describes the picture.

1. ( ) הַמּוֹרֶה בַּכִּתָּה.
2. (✓) הַיְלָדִים בַּכִּתָּה.
3. ( ) סַבָּא בַּכִּתָּה.

1. ( ) שָׂרָה וְדָוִד בַּכִּתָּה.
2. ( ) דָּוִד כּוֹתֵב עַל הַלּוּחַ.
3. (✓) הַמּוֹרָה כּוֹתֶבֶת עַל הַלּוּחַ.

1. (✓) הַכִּסֵּא עַל-יַד הַשּׁוּלְחָן.
2. ( ) הַסֵּפֶר עַל-יַד הַמַּחְבֶּרֶת.
3. ( ) דּוֹרוֹן עַל-יַד שָׂרָה.

1. ( ) נְמָלָה בַּשּׁוּלְחָן.
2. ( ) תַּפּוּחַ גָּדוֹל בָּאָרוֹן.
3. (✓) עַכְבָּר קָטָן בָּאָרוֹן.

Picture Match 2

Circle the picture in each box that matches the Hebrew.

עִפָּרוֹן קָטָן

כִּסֵּא גָּדוֹל

עוּגָה קְטַנָּה

מַחְבֶּרֶת חֲדָשָׁה

מוֹרָה שְׂמֵחָה

מַתָּנָה קְטַנָּה

לֶחֶם גָּדוֹל

בַּיִת חָדָשׁ

סַבָּא שָׂמֵחַ

נְמָלָה בַּכִּתָּה

*An unexpected, hungry
guest visits the classroom.*

הִנֵּה הַמּוֹרָה
בָּאָה לַכִּתָּה.

מוֹרָה: מִי בַּכִּתָּה?
דָּוִד, שָׂרָה?
נְמָלָה: אֲנִי בַּכִּתָּה!
אֲנִי מַלְמָלָה.
אֲנִי בַּכִּתָּה.
מַלְמָלָה הַנְּמָלָה.

מִילוֹן	
there is, are not	אֵין
sings (m/f)	שָׁר/שָׁרָה
תַּרְמִילוֹן	
books	סְפָרִים
notebooks	מַחְבָּרוֹת
apples	תַּפּוּחִים
cakes	עוּגוֹת
ḥallot	חַלּוֹת
closets	אֲרוֹנוֹת

בַּכִּתָּה יֵשׁ סְפָרִים,
בַּכִּתָּה מַחְבָּרוֹת,
אֲבָל אֵין תַּפּוּחִים
וְגַם אֵין עוּגוֹת.

אוּלַי יֵשׁ דְּבַשׁ?
אוּלַי יֵשׁ חַלּוֹת?
אוּלַי בַּשּׁוּלְחָן, בָּאֲרוֹנוֹת?

הִנֵּה חַלָּה!
שְׂמֵחָה הַנְּמָלָה.
שָׁרָה מַלְמָלָה:
לַ, לַ, לַ, לַ, לַ.

לַ יְלָ דִים יֵשׁ סְפָרִים.

chapter 6

שַׁבָּת שָׁלוֹם

What is on the Shabbat table?

אַבָּא בַּבַּיִת.

גַּם אִמָּא בַּבַּיִת.

דּוֹרוֹן בַּבַּיִת.

גַּם דִּינָה בַּבַּיִת.

טוֹב בַּבַּיִת.

עַל הַשׁוּלְחָן נֵרוֹת.

עַל הַשׁוּלְחָן חַלּוֹת.

עַל הַשׁוּלְחָן יַיִן.

עַל הַשׁוּלְחָן פְּרָחִים.

יָפֶה בַּבַּיִת.

שַׁבָּת בַּבַּיִת,

שָׁלוֹם בַּבַּיִת,

שָׁלוֹם בַּמִשְׁפָּחָה.

שַׁבָּת שָׁלוֹם.

מִילוֹן

a peaceful Shabbat	שַׁבָּת שָׁלוֹם
flower(s)	פֶּרַח/פְּרָחִים
nice, pretty (m/f)	יָפֶה/יָפָה
Shabbat	שַׁבָּת

Yes or No?

Read the story on page 44 again. Write כֵּן if the information in the sentence is found in the story. Write לֹא if it is not part of the story.

1. אַבָּא בַּבַּיִת. כֵּן
2. סַבְתָּא בַּבַּיִת. לֹא
3. עַל הַשּׁוּלְחָן עִפָּרוֹן. לֹא
4. טוֹב בַּבַּיִת. כֵּן
5. עַל הַשּׁוּלְחָן נֵרוֹת. כֵּן
6. שָׁלוֹם בַּבַּיִת. כֵּן
7. עַל הַשּׁוּלְחָן עוּגָה. לֹא
8. שַׁבָּת בַּבַּיִת. כֵּן

Word Match

Circle the Hebrew word that means the same as the English.

1. flowers	שְׂמֵחִים	פְּרָחִים	יְלָדִים
2. also	מִי	בְּ__	גַּם
3. nice	יָפֶה	הִנֵּה	יֵשׁ
4. good	כֵּן	טוֹב	אֲנִי
5. family	מַחְבֶּרֶת	מַתָּנָה	מִשְׁפָּחָה
6. on	כִּי	עַל	אֵין
7. peace	שָׁלוֹם	חָדָשׁ	שֶׁקֶט
8. sister	אֲרוֹנוֹת	אָחוֹת	נֵרוֹת

מִי בַּבַּיִת בְּשַׁבָּת?

What does Bar like about Shabbat?

מִי בַּבַּיִת?
הַיְלָדִים בַּבַּיִת.
הַמִּשְׁפָּחָה בַּבַּיִת.
גַּם עַכְבָּר בַּבַּיִת!

עַכְבָּר: כֵּן, אֲנִי בַּבַּיִת!
אֲנִי אוֹהֵב חַלָּה.
אֲנִי אוֹהֵב יַיִן.
אֲנִי אוֹהֵב פְּרָחִים.
אֲנִי אוֹהֵב אֶת הַשַּׁבָּת!

הָעַכְבָּר שָׁר: אֲנִי בָּר הָעַכְבָּר.
אֲנִי בַּבַּיִת גָּר.
בַּבַּיִת לֹא קַר.

בְּשַׁבָּת אֲנִי שָׁר!
אֲנִי שָׁר בְּרָכָה.
אֲנִי אוֹכֵל חַלָּה.

מִילוֹן

likes, loves (m/f)	אוֹהֵב/אוֹהֶבֶת
blessing	בְּרָכָה
eats (m/f)	אוֹכֵל/אוֹכֶלֶת

He or She?

The verb אוֹכֵל is for a boy. The verb אוֹכֶלֶת is for a girl.

Circle the correct verb and complete each sentence with a Hebrew word from the list below. Use the picture as your clue!

דְּבַשׁ חַלָּה תַּפּוּחַ בֵּייגֶל עוּגָה לֶחֶם

1. דורון (אוֹכֵל/אוֹכֶלֶת) לֶחֶם.
2. לִילִי (אוֹכֵל/אוֹכֶלֶת) עוגה.
3. בָּר הָעַכְבָּר (אוֹכֵל/אוֹכֶלֶת) חַלָּה.
4. אִמָּא (אוֹכֵל/אוֹכֶלֶת) תַּפּוּחַ.
5. שָׂרָה (אוֹכֵל/אוֹכֶלֶת) דְּבַשׁ.
6. סַבָּא (אוֹכֵל/אוֹכֶלֶת) בֵּייגל.

Where Is It?

Look at the drawings above, then complete each sentence with one of the following:

עַל   עַל-יַד   בַּ___

1. מוֹרָה ___עַל-יַד___ הַלּוּחַ.
2. עַכְבָּר ___בַּ___ קוּפְסָה.
3. הַסֵּפֶר ___עַל___ הַשּׁוּלְחָן.
4. הָעִפָּרוֹן ___עַל___ הַמַּחְבֶּרֶת.
5. הַפְּרָחִים ___עַל-יַד___ הַחַלָּה.

He or She?

The verb אוֹהֵב is for a boy. The verb אוֹהֶבֶת is for a girl.

Complete each sentence only if you like to eat that food.
Write אוֹהֵב if you are a boy. Write אוֹהֶבֶת if you are a girl.

1. דוֹרוֹן אוֹכֵל פִּיצָה. — אֲנִי אוֹהֶבֶת פִּיצָה.
2. דִּינָה אוֹכֶלֶת תַּפּוּחַ. — אֲנִי אוֹהֶבֶת תַּפּוּחַ.
3. אִמָּא אוֹכֶלֶת בַּנָנָה. — אֲנִי אוֹהֶבֶת בַּנָנָה.
4. אַבָּא אוֹכֵל בֵּייגֶל. — אֲנִי אוֹהֶבֶת בֵּייגֶל.
5. דָּוִד אוֹכֵל חַלָּה. — אֲנִי אוֹהֶבֶת חַלָּה.
6. לִילִי אוֹכֶלֶת עוּגָה. — אֲנִי אוֹהֶבֶת עוּגָה.

יוֹם שַׁבָּת, יוֹם מְנוּחָה

When does Malmalah, the busy ant, rest?

מַלְמַלָה הַנְּמָלָה
לֹא עֲיֵפָה.
מַלְמַלָה הַנְּמָלָה
אוֹהֶבֶת עֲבוֹדָה.

כָּל יוֹם מַלְמַלָה עוֹבֶדֶת,
כָּל יוֹם מַלְמַלָה מִסְתּוֹבֶבֶת.
אֲבָל בְּשַׁבָּת אֵין עֲבוֹדָה,
כִּי שַׁבָּת יוֹם מְנוּחָה.

מִילוֹן	
day	יוֹם
rest	מְנוּחָה
tired (m/f)	עָיֵף/עֲיֵפָה
work	עֲבוֹדָה
works (m/f)	עוֹבֵד/עוֹבֶדֶת

תַּרְמִילוֹן	
every day	כָּל יוֹם
spins (m/f)	מִסְתּוֹבֵב/מִסְתּוֹבֶבֶת

חַלָּה, יַיִן, וְנֵרוֹת עַל הַשּׁוּלְחָן.

He, She, or They?

The ending ִים shows that a verb is masculine and plural.

Write the English meaning for each verb.

write work eat walk

English			
____________	הוֹלְכִים	הוֹלֶכֶת	1. הוֹלֵךְ
____________	כּוֹתְבִים	כּוֹתֶבֶת	2. כּוֹתֵב
____________	אוֹכְלִים	אוֹכֶלֶת	3. אוֹכֵל
____________	עוֹבְדִים	עוֹבֶדֶת	4. עוֹבֵד

checkpoints

chapters 1-6

Checkpoint 1

Circle the Hebrew word that means the same as the English.

1.	blessing	מְנוּחָה	מוֹרָה	יָפָה	בְּרָכָה
2.	work	עֲיֵפָה	עֲבוֹדָה	מַחְבֶּרֶת	אָרוֹן
3.	flowers	יְלָדִים	סְפָרִים	פְּרָחִים	תַּפּוּחִים
4.	day	יוֹם	אֵין	מְאֹד	אֲבָל
5.	classroom	לוּחַ	כִּתָּה	כִּסֵּא	בַּיִת
6.	children	עוּגוֹת	חֲדָשָׁה	חַלּוֹת	יְלָדִים
7.	table	מִשְׁפָּחָה	עֲבוֹדָה	שׁוּלְחָן	שֶׁקֶט
8.	cake	עוּגָה	נְמָלָה	דְּבַשׁ	חַלָּה
9.	bread	יוֹם	שַׁבָּת	לֶחֶם	אֵין
10.	book	אוּלַי	סֵפֶר	עָיֵף	עִפָּרוֹן

Checkpoint 2

In each blank lens, write the English word that matches the Hebrew.

works	lives	walks	wants	likes
writes	comes	cries	eats	sings

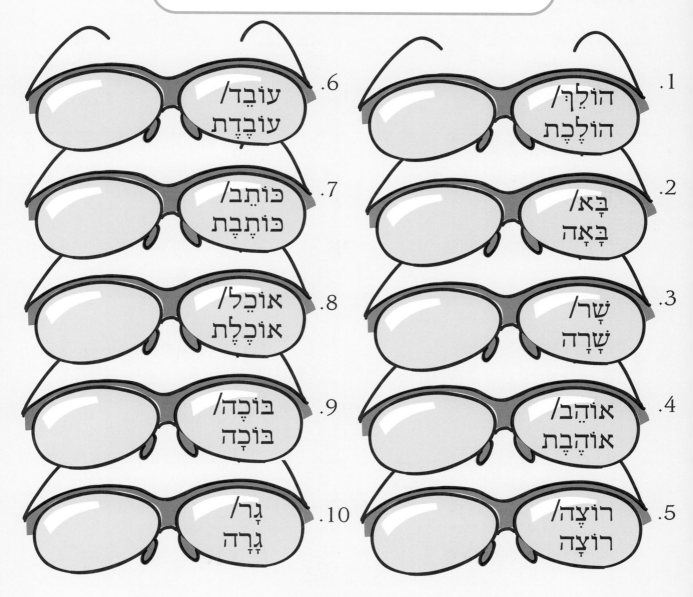

1. הוֹלֵךְ/ הוֹלֶכֶת
2. בָּא/ בָּאָה
3. שָׁר/ שָׁרָה
4. אוֹהֵב/ אוֹהֶבֶת
5. רוֹצֶה/ רוֹצָה
6. עוֹבֵד/ עוֹבֶדֶת
7. כּוֹתֵב/ כּוֹתֶבֶת
8. אוֹכֵל/ אוֹכֶלֶת
9. בּוֹכֶה/ בּוֹכָה
10. גָּר/ גָּרָה

Checkpoint 3

Connect each noun to its matching adjective and write the English meaning of the adjective in the empty box.

tired	new	good	small	nice	happy	big

1. יֶלֶד — טוֹב — [good] — טוֹבָה — יַלְדָּה

2. מוֹרֶה — חֲדָשָׁה — [ ] — חָדָשׁ — מוֹרָה

3. סַבָּא — עֲיֵפָה — [ ] — עָיֵף — סַבְתָּא

4. אַבָּא — שָׂמֵחַ — [ ] — שְׂמֵחָה — אִמָּא

5. אָח — יָפֶה — [ ] — יָפָה — אָחוֹת

6. אַתָּה — גְּדוֹלָה — [ ] — גָּדוֹל — אַתְּ

7. עַכְבָּר — קְטַנָּה — [ ] — קָטָן — נְמָלָה

Checkpoint 4

Choose the correct Hebrew word from the list below and write it in the blank space.

גַּם   עַל   אֲבָל   עַל־יַד   יַלְדָּה

מַה   יְלָדִים   מִשְׁפָּחָה   מִי   כִּי

family
1. יֵשׁ לִי מִשְׁפָּחָה גְּדוֹלָה.

next to
2. הַסֵּפֶר עַל־יַד הַמַּחְבֶּרֶת.

also
3. אַבָּא בַּבַּיִת, גַּם אִמָּא בַּבַּיִת.

because
4. הַכִּתָּה טוֹבָה כִּי הַמּוֹרָה טוֹבָה.

girl
5. יַלְדָּה רוֹצָה מַתָּנָה.

on
6. דָּוִד כּוֹתֵב עַל הַלּוּחַ.

children
7. יְלָדִים אוֹכְלִים עוּגָה.

but
8. בַּכִּתָּה יֵשׁ יְלָדִים אֲבָל אֵין מוֹרָה.

who
9. מִי גָּר בַּבַּיִת?

what
10. מַה אַתָּה אוֹהֵב?

55

chapter 7

חֲנוּכָּה

Who lights the first Ḥanukkah candle?

לְבִיבוֹת
חֲנוּכִּיָּה
נֵרוֹת
מַתָּנוֹת

חַג חֲנוּכָּה בָּא!
חֲנוּכָּה חַג יָפֶה.
חֲנוּכָּה חַג שָׂמֵחַ.
חֲנוּכָּה חַג הָאוֹר.

הַמִּשְׁפָּחָה בַּבַּיִת.
הַיּוֹם יוֹם רִאשׁוֹן שֶׁל חֲנוּכָּה.

דָּנִי: אֲנִי מַדְלִיק נֵר רִאשׁוֹן!

לִילִי: לֹא, לֹא!
אֲנִי מַדְלִיקָה נֵר רִאשׁוֹן!

דָּוִד: גַּם אֲנִי רוֹצֶה לְהַדְלִיק נֵר.

דָּנִי: אֲנִי אָח רִאשׁוֹן,
אֲנִי מַדְלִיק נֵר רִאשׁוֹן.

אִמָּא: דָּוִד, הִנֵּה חֲנוּכִּיָּה.
לִילִי, הִנֵּה חֲנוּכִּיָּה.
דָּנִי, הִנֵּה חֲנוּכִּיָּה.

כּוּלָּם שְׂמֵחִים.
דָּנִי, דָּוִד, וְלִילִי
מַדְלִיקִים נֵר רִאשׁוֹן.
כּוּלָּם שָׁרִים בְּרָכוֹת
שֶׁל חֲנוּכָּה.

מִילּוֹן

light	אוֹר
today	הַיּוֹם
first (m)	רִאשׁוֹן
of, belonging to	שֶׁל
lights (m/f)	מַדְלִיק/מַדְלִיקָה
candle(s)	נֵר/נֵרוֹת

תַּרְמִילוֹן

Ḥanukkah	חֲנוּכָּה
to light	לְהַדְלִיק
Ḥanukkah menorah	חֲנוּכִּיָּה
light (pl)	מַדְלִיקִים
sing (pl)	שָׁרִים
blessings	בְּרָכוֹת

Picture Match

Check (✓) the words that describe the picture.

( ) 1. חַג הַסוּכּוֹת

( ) 2. חַג חֲנוּכָּה

( ) 3. חַג שִׂמְחַת תּוֹרָה

( ) 1. דָּוִד רוֹצֶה נֵר.

( ) 2. דָּוִד אוֹכֵל נֵר.

( ) 3. דָּוִד מַדְלִיק נֵר.

( ) 1. הַיּוֹם יוֹם קַר.

( ) 2. הַיּוֹם יוֹם חֲנוּכָּה.

( ) 3. הַיּוֹם יוֹם יָפֶה.

( ) 1. אוֹר בַּבַּיִת.

( ) 2. אוֹר בַּכִּתָּה.

( ) 3. אוֹר בָּאָרוֹן.

Ḥanukkah Blessings

1. בָּרוּךְ אַתָּה, יְיָ אֱלֹהֵינוּ, מֶלֶךְ הָעוֹלָם,
אֲשֶׁר קִדְּשָׁנוּ בְּמִצְוֹתָיו וְצִוָּנוּ לְהַדְלִיק נֵר שֶׁל חֲנוּכָּה.

Praised are You, Adonai our God, Ruler of the world, who makes us holy with mitzvot and commands us to light the Ḥanukkah lights.

2. בָּרוּךְ אַתָּה, יְיָ אֱלֹהֵינוּ, מֶלֶךְ הָעוֹלָם,
שֶׁעָשָׂה נִסִּים לַאֲבוֹתֵינוּ בַּיָּמִים הָהֵם, בַּזְּמַן הַזֶּה.

Praised our You, Adonai our God, Ruler of the world, who did wondrous things for our ancestors long ago, at this time.

On the first night only:

3. בָּרוּךְ אַתָּה, יְיָ אֱלֹהֵינוּ, מֶלֶךְ הָעוֹלָם,
שֶׁהֶחֱיָנוּ, וְקִיְּמָנוּ, וְהִגִּיעָנוּ לַזְּמַן הַזֶּה.

Praised are You, Adonai our God, Ruler of the world, who has given us life, sustained us, and enabled us to reach this time.

כּוּלָם שְׂמֵחִים. כּוּלָם שָׁרִים
בְּרָכוֹת שֶׁל חֲנוּכָּה.

חַג הָאוֹר

What do we light on Ḥanukkah?

בַּחֲנוּכִּיָה נֵרוֹת–אוֹר.
בַּחֲנוּכִּיָה שַׁמָּשׁ–אוֹר.
יְלָדִים שָׁרִים–אוֹר.
לְבִיבוֹת אוֹכְלִים–אוֹר.
לְהַדְלִיק נֵר–אוֹר.
שֶׁל חֲנוּכָּה–אוֹר.
נֵס גָדוֹל–אוֹר.
הָיָה שָׁם–אוֹר.
חַם בַּבַּיִת,
טוֹב בַּבַּיִת,
יֵשׁ לָנוּ אוֹר.

מִילוֹן	
warm	חַם
we have	יֵשׁ לָנוּ

תַּרְמִילוֹן	
helper	שַׁמָּשׁ
latke(s)	לְבִיבָה/לְבִיבוֹת
a great miracle happened there	נֵס גָדוֹל הָיָה שָׁם

Latke Puzzle

Write each Hebrew word next to its English meaning.
Write one letter in each blank space. Leave out the vowels.

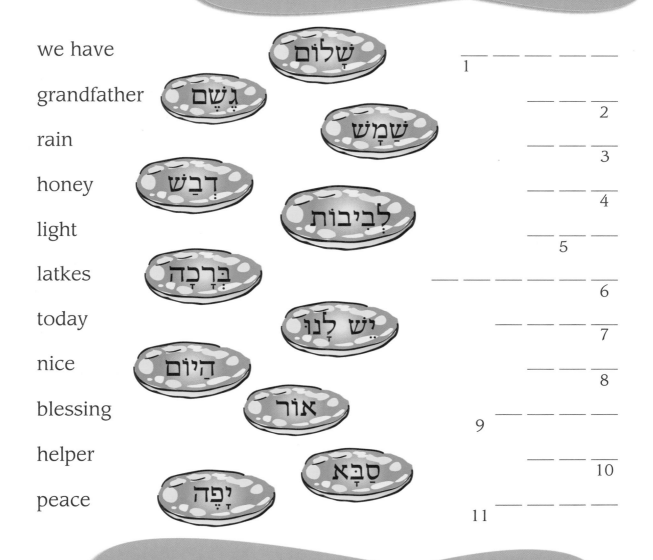

we have   שָׁלוֹם

grandfather   גֶּשֶׁם

rain   שֶׁמֶשׁ

honey   דְּבַשׁ

light   לְבִיבוֹת

latkes   בְּרָכָה

today   יֵשׁ לָנוּ

nice   הַיּוֹם

blessing   אוֹר

helper   סַבָּא

peace   יָפֶה

1 __ __ __ __

2 __ __ __

3 __ __ __

4 __ __ __

5 __ __ __

6 __ __ __ __ __

7 __ __ __ __

8 __ __ __

9 __ __ __

10 __ __ __

11 __ __ __ __

Now write every letter that has a number under it in the numbered
spaces at the bottom of the page. What do the words mean?

__ __ __ __ __ __ __ __ __ __ __
11 10   9   8   7   6   5   4   3   2   1

61

הָעַכְבָּר בַּסְבִיבוֹן

Bar's world is spinning.

אִמָא שָׁרָה בְּרָכוֹת,
הַיְלָדִים מַדְלִיקִים נֵרוֹת,
אַבָּא עוֹשֶׂה לְבִיבוֹת,
סַבְתָּא נוֹתֶנֶת מַתָּנוֹת.
וְעַכְבָּר...

אֵיפֹה בָּר?
אֵיפֹה הָעַכְבָּר?
הָעַכְבָּר בַּסְבִיבוֹן!
הַסְבִיבוֹן מִסְתּוֹבֵב...

מִילוֹן

makes, does (m/f)	עוֹשֶׂה/עוֹשָׂה
gives (m/f)	נוֹתֵן/נוֹתֶנֶת
says (m/f)	אוֹמֵר/אוֹמֶרֶת
head	רֹאשׁ

תַּרְמִילוֹן

dreidel	סְבִיבוֹן
gifts	מַתָּנוֹת
say (pl)	אוֹמְרִים

הָעַכְבָּר מִסְתּוֹבֵב...
הַיְלָדִים אוֹמְרִים: "נ" — נֵס!
הָעַכְבָּר מִסְתּוֹבֵב...
הַיְלָדִים אוֹמְרִים: "ג" — גָדוֹל!
הָעַכְבָּר מִסְתּוֹבֵב...
הַיְלָדִים אוֹמְרִים: "ה" — הָיָה!
הָעַכְבָּר מִסְתּוֹבֵב...
הַיְלָדִים אוֹמְרִים: "שׁ" — שָׁם!

הָעַכְבָּר אוֹמֵר:
"שׁ" — שֶׁקֶט!
הַסְבִיבוֹן מִסְתּוֹבֵב,
הַבַּיִת מִסְתּוֹבֵב,
הַשׁוּלְחָן מִסְתּוֹבֵב,
הָרֹאשׁ מִסְתּוֹבֵב,
אֲנִי עָיֵף!

chapter 8

דִינָה שְׂמֵחָה

Dina has many excuses for not going to school.

כָּל הַשָּׁבוּעַ דִינָה לֹא הוֹלֶכֶת לַכִּתָּה.

יוֹם רִאשׁוֹן דִינָה שְׂמֵחָה כִּי אֵין כִּתָּה.

יוֹם שֵׁנִי דִינָה אוֹמֶרֶת: הַיוֹם גֶּשֶׁם.
דִינָה לֹא הוֹלֶכֶת לַכִּתָּה.

יוֹם שְׁלִישִׁי דִינָה אוֹמֶרֶת: הַיוֹם קַר!
דִינָה לֹא הוֹלֶכֶת לַכִּתָּה.

יוֹם רְבִיעִי דִינָה אוֹמֶרֶת: הַיוֹם חַם.
דִינָה לֹא הוֹלֶכֶת לַכִּתָּה.

יוֹם חֲמִישִׁי דִינָה אוֹמֶרֶת: אֵין לִי מִשְׁקָפַיִם.
דִינָה לֹא הוֹלֶכֶת לַכִּתָּה.

יוֹם שִׁשִּׁי דִינָה אוֹמֶרֶת: אֲנִי עֲיֵפָה.
דִינָה לֹא הוֹלֶכֶת לַכִּתָּה.

יוֹם שַׁבָּת

דִינָה אוֹמֶרֶת: הַיוֹם אֲנִי הוֹלֶכֶת לַכִּתָּה.
שָׁלוֹם אַבָּא. שָׁלוֹם אִמָא.

אַבָּא אוֹמֵר: דִינָה, הַיוֹם שַׁבָּת.
הַיוֹם אֵין כִּתָּה.
הַיוֹם יוֹם מְנוּחָה.

דִינָה בַּבַּיִת, דִינָה שְׂמֵחָה כִּי אֵין כִּתָּה.

מִילוֹן

כָּל	all, every
שָׁבוּעַ	week
יוֹם רִאשׁוֹן	Sunday
יוֹם שֵׁנִי	Monday
יוֹם שְׁלִישִׁי	Tuesday
יוֹם רְבִיעִי	Wednesday
יוֹם חֲמִישִׁי	Thursday
יוֹם שִׁישִׁי	Friday
יוֹם שַׁבָּת	Shabbat, Saturday

Days of the Week

On which day does Dina use each excuse? Write the day in the appropriate space.

יוֹם ________ אֵין כִּתָּה

יוֹם ________ הַיוֹם גֶשֶׁם

יוֹם ________ הַיוֹם קַר

יוֹם ________ הַיוֹם חַם

יוֹם ________ אֵין לִי מִשְׁקָפַיִם

יוֹם ________ אֲנִי עֲיֵפָה

מָה בָּרָא אֱלֹהִים?

The days of Creation

בְּיוֹם רִאשׁוֹן בָּרָא אֱלֹהִים
חֹשֶׁךְ וְאוֹר.
בְּיוֹם רִאשׁוֹן, בְּיוֹם רִאשׁוֹן,
חֹשֶׁךְ וְאוֹר.

בְּיוֹם שֵׁנִי בָּרָא אֱלֹהִים
שָׁמַיִם עַל הַמַּיִם.
בְּיוֹם שֵׁנִי, בְּיוֹם שֵׁנִי,
שָׁמַיִם עַל הַמַּיִם.

.1
חֹשֶׁךְ

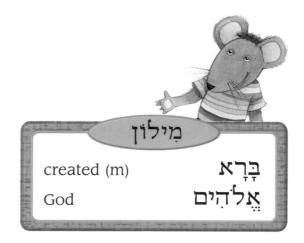

אוֹר

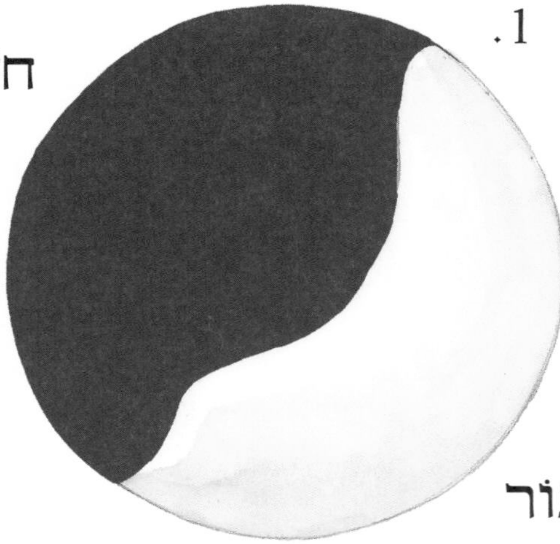

.2
שָׁמַיִם

מַיִם

מִילוֹן

created (m)	בָּרָא
God	אֱלֹהִים

66

בְּיוֹם שְׁלִישִׁי בָּרָא אֱלֹהִים
פְּרָחִים וְעֵצִים.
בְּיוֹם שְׁלִישִׁי, בְּיוֹם שְׁלִישִׁי,
פְּרָחִים וְעֵצִים.

בְּיוֹם רְבִיעִי בָּרָא אֱלֹהִים
שֶׁמֶשׁ, יָרֵחַ, וְכוֹכָבִים.
בְּיוֹם רְבִיעִי, בְּיוֹם רְבִיעִי,
שֶׁמֶשׁ, יָרֵחַ, וְכוֹכָבִים.

3.

עֵצִים

פְּרָחִים

יָרֵחַ

4.

שֶׁמֶשׁ

כּוֹכָבִים

בְּיוֹם חֲמִישִׁי בָּרָא אֱלֹהִים
דָגִים וְצִפֳּרִים.
בְּיוֹם חֲמִישִׁי, בְּיוֹם חֲמִישִׁי,
דָגִים וְצִפֳּרִים.

5.

צִפֳּרִים
דָגִים

6.

חַיוֹת
אֲנָשִׁי

בְּיוֹם שִׁישִׁי בָּרָא אֱלֹהִים
חַיוֹת וַאֲנָשִׁים.
בְּיוֹם שִׁישִׁי, בְּיוֹם שִׁישִׁי,
חַיוֹת וַאֲנָשִׁים.

יוֹם שַׁבָּת, יוֹם שַׁבָּת,
יוֹם מְנוּחָה.
יוֹם שַׁבָּת, יוֹם שַׁבָּת,
יוֹם מְנוּחָה.
שַׁבַּת שָׁלוֹם!

כּוּלָם שָׁרים "שַׁבּת שָׁלוֹם."

God's World

Write the Hebrew word from the list under its matching picture.

צִפֳּרִים   שָׁמַיִם   יָרֵחַ   חֹשֶׁךְ   עֵצִים

שֶׁמֶשׁ   דָּגִים   פְּרָחִים   מַיִם

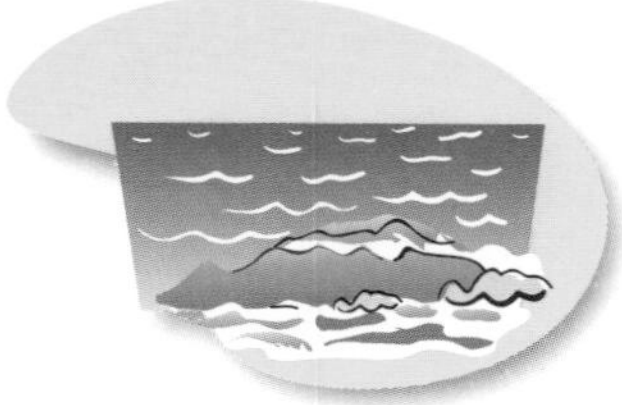

Days of the Week

Write the number for each day of the week next to the matching Hebrew.

☐ יוֹם שֵׁנִי ☐ יוֹם רִאשׁוֹן ☐ יוֹם חֲמִישִׁי

☐ יוֹם שְׁלִישִׁי ☐ יוֹם רְבִיעִי ☐ יוֹם שִׁישִׁי ☐ יוֹם שַׁבָּת

Calendar

Write the Hebrew names for the days of the week.

Wednesday ____________ יוֹם	Sunday ____________ יוֹם
Thursday ____________ יוֹם	Monday ____________ יוֹם
Friday ____________ יוֹם	Tuesday ____________ יוֹם

Saturday ____________ יוֹם

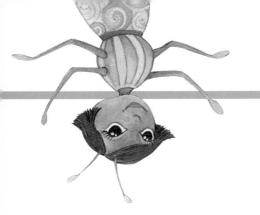

chapter 9

חַג לָעֵצִים

A celebration for trees and nature

מִילוֹן

tree(s)	עֵץ/עֵצִים
morning	בּוֹקֶר
birthday	יוֹם הוּלֶדֶת
fruit (pl)	פֵּרוֹת
thank you	תּוֹדָה

תַּרְמִילוֹן

Tu B'Shevat	ט״ו בִּשְׁבָט
almond tree	שְׁקֵדִיָּה

בּוֹקֶר טוֹב!
הַיּוֹם ט״ו בִּשְׁבָט!
חַג לָעֵצִים.
חַג לַפְּרָחִים.

הַיְלָדִים שָׁרִים:
יוֹם הוּלֶדֶת שָׂמֵחַ, שְׁקֵדִיָּה.
יוֹם הוּלֶדֶת שָׂמֵחַ, עֵצִים.
חַג שָׂמֵחַ לַפְּרָחִים.
חַג שָׂמֵחַ לַצִּפֳּרִים.

הַיְלָדִים שְׂמֵחִים וְאוֹמְרִים:
ט״ו בִּשְׁבָט, חַג לָעֵצִים.
בְּט״ו בִּשְׁבָט פֵּרוֹת אוֹכְלִים.
ט״ו בִּשְׁבָט, חַג לַשְּׁקֵדִיָּה.
בְּט״ו בִּשְׁבָט אוֹמְרִים תּוֹדָה.
תּוֹדָה לָעֵצִים,
תּוֹדָה לֵאלֹהִים.

Name That Flower

Find the five Hebrew words in the flowers that have the same meaning as the five numbered English words below. Write the letters in the appropriate spaces in the puzzle and discover the name of a tree.

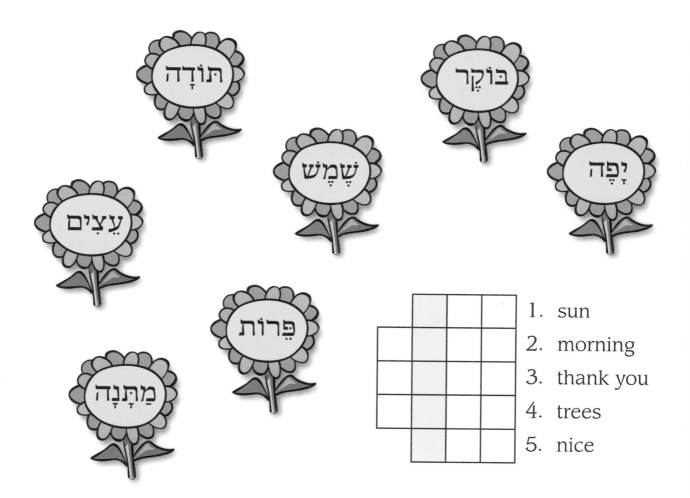

תּוֹדָה

בּוֹקֶר

שֶׁמֶשׁ

יָפֶה

עֵצִים

פֵּרוֹת

מַתָּנָה

1. sun
2. morning
3. thank you
4. trees
5. nice

Write the name of the tree that appears in the blue spaces.

_____ _____ _____ _____
   ָ   ִ   ֵ   :

73

יוֹם הוּלֶדֶת לָעַכְבָּר

Happy birthday, Bar!

לַיְלָה.
עַכְבָּר אוֹמֵר:
יֵשׁ לִי יוֹם הוּלֶדֶת.
גַּם אֲנִי רוֹצֶה חֲגִיגָה.
אֲנִי רוֹצֶה עוּגָה.
אֲנִי רוֹצֶה מַתָּנָה.

בּוֹקֶר.
צִפּוֹר שָׁרָה עַל הָהָר:
הַיּוֹם יוֹם הוּלֶדֶת לָעַכְבָּר!
הִנֵּה בָּא גַּם הַפַּרְפַּר:
הַיּוֹם יוֹם הוּלֶדֶת לָעַכְבָּר!

יוֹם הוּלֶדֶת, יוֹם שִׂמְחָה.
הַצִּפּוֹר עוֹשָׂה עוּגָה.
לַפַּרְפַּר יֵשׁ מַתָּנָה
וְלָעַכְבָּר יֵשׁ חֲגִיגָה.

בָּר הָעַכְבָּר
עוֹמֵד עַל הָהָר.
בָּר הָעַכְבָּר
עוֹמֵד וְשָׁר:

יֵשׁ לִי יוֹם, יוֹם שִׂמְחָה.
יֵשׁ לִי חַג, חֲגִיגָה.
תּוֹדָה צִפּוֹר,
בָּר אוֹמֵר.
תּוֹדָה פַּרְפַּר,
תּוֹדָה חָבֵר.

מִילוֹן

night	לַיְלָה
party	חֲגִיגָה
joy, happiness	שִׂמְחָה
stands (m/f)	עוֹמֵד/עוֹמֶדֶת

תַּרְמִילוֹן

bird(s)	צִפּוֹר/צִפֳּרִים
mountain	הַר
butterfly	פַּרְפַּר
friend (m)	חָבֵר

יוֹם הוּלֶדֶת, יוֹם שִׂמְחָה. הַנֵּרוֹת עַל הָעוּגָה.

Bingo Board

Write the number of the English word under the matching Hebrew word on the board.

1. cake
2. says
3. night
4. gift
5. mountain
6. party
7. stands
8. sings
9. joy

שִׂמְחָה	אוֹמֵר	עוּגָה
מַתָּנָה	הַר	לַיְלָה
חֲגִיגָה	שָׁרָה	עוֹמֵד

What's Missing?

Write the Hebrew word or phrase from the list below that completes each sentence.

יוֹם הוּלֶדֶת   נֵרוֹת   נוֹתֵן   עֵינַיִם

עִם   מִשְׁקָפַיִם   רוֹצָה   צִפּוֹר

The cake has candles.	1. לָעוּגָה יֵשׁ ______.
I have a birthday.	2. יֵשׁ לִי ______ ______.
I give you flowers.	3. אֲנִי ______ לְךָ פְּרָחִים.
People have eyes.	4. לָאֲנָשִׁים יֵשׁ ______.
Grandfather has glasses.	5. לְסַבָּא יֵשׁ ______.
A tree with fruit.	6. עֵץ ______ פֵּרוֹת.
I want a gift.	7. אֲנִי ______ מַתָּנָה.
The bird sings.	8. הַ______ שָׁרָה.

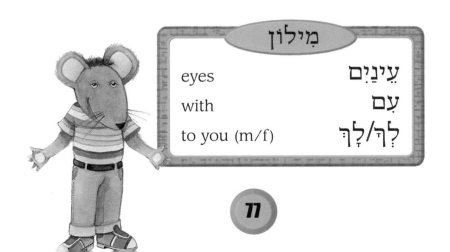

מִילוֹן

eyes	עֵינַיִם
with	עִם
to you (m/f)	לְךָ/לָךְ

לִילִי רוֹצָה מַתָּנָה

Lili wants a birthday gift.
Her grandfather gives her the best one.

לִילִי: סַבָּא, יֵשׁ לִי יוֹם הוּלֶדֶת,
אֲנִי רוֹצָה מַתָּנָה.

סַבָּא: טוֹב, אֲנִי נוֹתֵן לָךְ צִפּוֹר,
צִפּוֹר עִם נֵרוֹת.

לִילִי: סַבָּא, לְצִפּוֹר אֵין נֵרוֹת.
לְעוּגָה יֵשׁ נֵרוֹת.

סַבָּא: טוֹב, אֲנִי נוֹתֵן לָךְ עוּגָה,
עוּגָה עִם דָּגִים.

לִילִי: סַבָּא, לְעוּגָה אֵין דָּגִים.
לְעוּגָה יֵשׁ פְּרָחִים.

סַבָּא: טוֹב, אֲנִי נוֹתֵן לָךְ פְּרָחִים,
פְּרָחִים עִם עֵינַיִם.

לִילִי: סַבָּא, לַפְּרָחִים אֵין עֵינַיִם.
לָאֲנָשִׁים יֵשׁ עֵינַיִם.

סַבָּא: טוֹב, אֲנִי נוֹתֵן לָךְ אִמָּא,
אִמָּא עִם מִשְׁקָפַיִם.

לִילִי: סַבָּא, לְאִמָּא אֵין מִשְׁקָפַיִם.
לְסַבָּא יֵשׁ מִשְׁקָפַיִם.

סַבָּא: טוֹב, אֲנִי נוֹתֵן לָךְ סַבָּא!

checkpoints

chapters 1–9

Checkpoint 1

Circle the English word that means the same as the Hebrew.

gift	morning	moon	day	בּוֹקֶר	.1
birds	butterfly	trees	fruit	פֵּרוֹת	.2
night	sun	morning	warm	לַיְלָה	.3
rest	week	joy	rain	שִׂמְחָה	.4
table	sun	new	quiet	שֶׁמֶשׁ	.5
week	day	year	book	שָׁבוּעַ	.6
sky	warm	gift	water	מַיִם	.7
cake	star	head	bird	רֹאשׁ	.8
sky	work	house	bread	שָׁמַיִם	.9
chair	light	tired	cake	אוֹר	.10

Checkpoint 2

Circle the Hebrew word that means the same as the English.

1. eyes	פְּרָחִים	מִשְׁקָפַיִם	תַּפּוּחִים	(עֵינַיִם)	
2. party	מִשְׁפָּחָה	(חֲגִיגָה)	קֻפְסָה	רִאשׁוֹן	
3. friend	(חָבֵר)	רֹאשׁ	כּוֹבַע	מְעִיל	
4. warm	הַיּוֹם	אָרוֹן	(חַם)	קַר	
5. thank you	עֲבוֹדָה	(תּוֹדָה)	יֵשׁ לְךָ	יוֹם הוּלֶדֶת	

Checkpoint 3

Match the catch. Draw a line from the fish to the correct net.

says   gives   stands   makes

עוֹלָם יָפֶה

The children paint a colorful world.

הַיְלָדִים בַּכִּתָּה. כָּל הַיְלָדִים מְצַיְּרִים.

דָוִד מְצַיֵּר עֵץ בְּצֶבַע יָרוֹק.
רָחֵל מְצַיֶּרֶת פֶּרַח בְּצֶבַע אָדוֹם.
שָׂרָה מְצַיֶּרֶת שֶׁמֶשׁ בְּצֶבַע צָהוֹב.
רָן מְצַיֵּר שָׁמַיִם בְּצֶבַע כָּחוֹל.

דִינָה מְצַיֶּרֶת עֵץ בְּצֶבַע שָׁחוֹר,
פְּרָחִים וְשֶׁמֶשׁ בְּצֶבַע שָׁחוֹר.

הַמוֹרָה: דִינָה, שֶׁמֶשׁ בְּצֶבַע שָׁחוֹר?
עוֹלָם בְּצֶבַע שָׁחוֹר?

דִינָה: אֵין לִי צֶבַע יָרוֹק לָעֵצִים.
אֵין לִי צֶבַע אָדוֹם לַפְּרָחִים.
אֵין לִי צֶבַע צָהוֹב לַשֶּׁמֶשׁ.
וְאֵין לִי צֶבַע כָּחוֹל לַשָּׁמַיִם.

מִילוֹן	
עוֹלָם	world
מְצַיֵּר/מְצַיֶּרֶת	draws (m/f)
צֶבַע	crayon , color
דַּף	sheet (of paper)
הַרְבֵּה	many

תַּרְמִילוֹן	
מְצַיְּרִים	draw (pl)
בְּצֶבַע	colored
צְבָעִים	crayons, colors

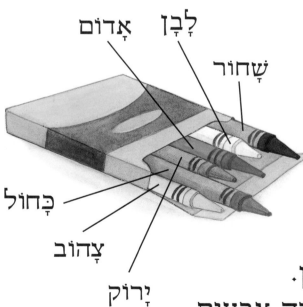

אָדוֹם   לָבָן

שָׁחוֹר

כָּחוֹל

צָהוֹב

יָרוֹק

דָּוִד נוֹתֵן לְדִינָה צֶבַע יָרוֹק.
רָחֵל נוֹתֶנֶת לְדִינָה צֶבַע אָדוֹם.
שָׂרָה נוֹתֶנֶת לְדִינָה צֶבַע צָהוֹב.
רָן נוֹתֵן לְדִינָה צֶבַע כָּחוֹל.
הַמּוֹרָה נוֹתֶנֶת לְדִינָה דַּף לָבָן.

דִּינָה שְׂמֵחָה. דִּינָה מְצַיֶּרֶת.

הַמּוֹרָה: הָעוֹלָם לֹא שָׁחוֹר וְלָבָן.
בָּעוֹלָם יֵשׁ הַרְבֵּה, הַרְבֵּה צְבָעִים.
הָעוֹלָם יָפֶה.

Picture Match

Check (✓) the sentence that describes the picture.

☐ כּוּלָם שָׁרִים.

☐ כּוּלָם מְצַיְּרִים.

☐ כּוּלָם אוֹכְלִים.

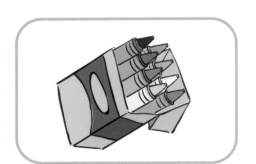

☐ בַּכִּתָּה הַרְבֵּה יְלָדִים.

☐ עַל הַשּׁוּלְחָן הַרְבֵּה פְּרָחִים.

☐ עַל הַשּׁוּלְחָן הַרְבֵּה מַתָּנוֹת.

☐ בַּקּוּפְסָה הַרְבֵּה צְבָעִים.

☐ בַּשָּׁמַיִם הַרְבֵּה צִפֳּרִים.

☐ עַל הָעֵץ הַרְבֵּה תַּפּוּחִים.

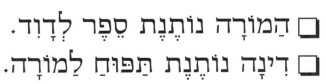

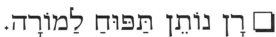

☐ הַמּוֹרָה נוֹתֶנֶת סֵפֶר לְדָוִד.

☐ דִּינָה נוֹתֶנֶת תַּפּוּחַ לַמּוֹרָה.

☐ רָן נוֹתֵן תַּפּוּחַ לַמּוֹרָה.

מִילוֹן

if	אִם
has	יֵשׁ לְ ____

If you give Bar one thing, he wants another.

אִם יֵשׁ לְבָּר שֶׁקֶט,
בָּר רוֹצֶה רַעַשׁ.
אִם יֵשׁ לְבָּר רַעַשׁ,
בָּר רוֹצֶה חֲגִיגָה.
אִם יֵשׁ לְבָּר חֲגִיגָה,
בָּר רוֹצֶה עוּגָה.
אִם יֵשׁ לְבָּר עוּגָה,
בָּר רוֹצֶה נֵרוֹת.

אִם יֵשׁ לְבָּר נֵרוֹת,
בָּר רוֹצֶה מַתָּנָה.
אִם יֵשׁ לְבָּר מַתָּנָה,
בָּר רוֹצֶה רַעֲשָׁן.
אִם יֵשׁ לְבָּר רַעֲשָׁן,
בָּר עוֹשֶׂה רַעַשׁ.
אִם יֵשׁ לְבָּר רַעַשׁ,
בָּר רוֹצֶה שֶׁקֶט!

chapter 12

הַסֵּדֶר

The Passover seder is
a celebration of our freedom.

כָּל הַמִּשְׁפָּחָה בַּבַּיִת.
הַשּׁוּלְחָן גָּדוֹל וְיָפֶה.
סֵדֶר פֶּסַח בַּבַּיִת.
עַל הַשּׁוּלְחָן מַצּוֹת וְיַיִן.
עַל הַשּׁוּלְחָן קְעָרָה שֶׁל פֶּסַח.

הַיְלָדִים שָׁרִים: מַה נִּשְׁתַּנָּה.
אַבָּא קוֹרֵא בַּהַגָּדָה.

סַבָּא קוֹרֵא עַל הַמֶּלֶךְ פַּרְעֹה.
הַמֶּלֶךְ פַּרְעֹה מֶלֶךְ רַע.
הַמֶּלֶךְ פַּרְעֹה לֹא אוֹהֵב יְהוּדִים.
לַיְּהוּדִים לֹא טוֹב בְּמִצְרַיִם.
הַיְּהוּדִים עֲבָדִים.

סַבְתָּא אוֹמֶרֶת:
לַיְּהוּדִים רַע בְּמִצְרַיִם.
מֹשֶׁה לוֹקֵחַ אֶת הַיְּהוּדִים מִמִּצְרַיִם.
פַּרְעֹה אוֹמֵר: לֹא, לֹא!
אֲבָל מֹשֶׁה אוֹמֵר:
כֵּן, כֵּן, הַיְּהוּדִים יוֹצְאִים מִמִּצְרַיִם.
מֹשֶׁה וְהַיְּהוּדִים יוֹצְאִים מִמִּצְרַיִם.
הַיְּהוּדִים לֹא עֲבָדִים.
הַיְּהוּדִים בְּנֵי-חוֹרִין.

מִילוֹן

reads (m/f)	קוֹרֵא/קוֹרֵאת
takes (m/f)	לוֹקֵחַ/לוֹקַחַת
from	מִ__

תַּרְמִילוֹן

seder	סֵדֶר
Passover	פֶּסַח
matzah	מַצָּה/מַצּוֹת
seder plate	קְעָרָה
Mah Nishtanah, the Four Questions	מַה נִּשְׁתַּנָּה
Haggadah	הַגָּדָה
Pharaoh	פַּרְעֹה
Jews	יְהוּדִים
Egypt	מִצְרַיִם
slaves	עֲבָדִים
go out (pl)	יוֹצְאִים
free people	בְּנֵי-חוֹרִין

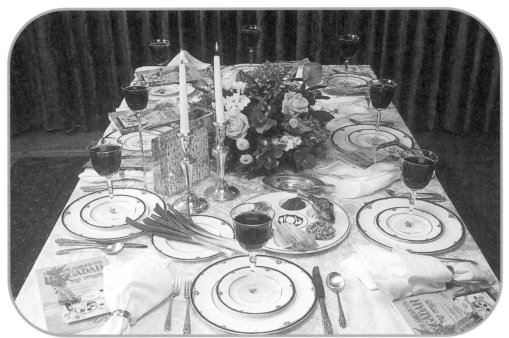

סֵדֶר פֶּסַח   בּ בּ ית. מָה   על הַשׁוּלְחָן?

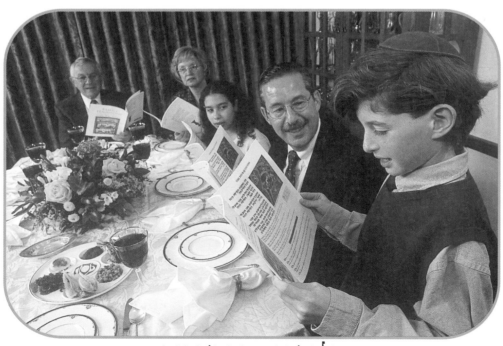

הַיֶּלֶד שָׁר   מה נִשְׁתַּנָּה.

Climb the Pyramid

Words are missing from the sentences below. מַלְמָלָה הַנְּמָלָה found them on the pyramid, but they were all mixed up. Write them in the correct spaces.

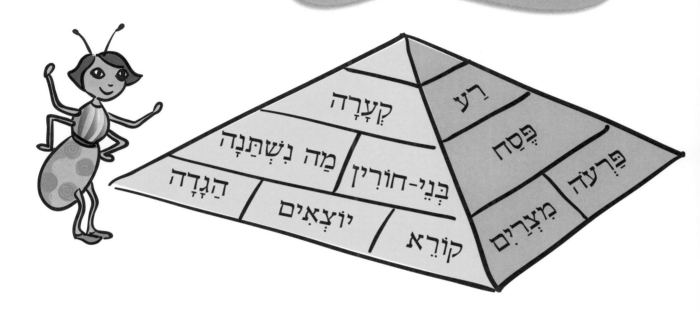

קְעָרָה
רַע
מַה נִּשְׁתַּנָּה
בְּנֵי-חוֹרִין
פֶּסַח
פַּרְעֹה
הַגָּדָה
יוֹצְאִים
קוֹרֵא
מִצְרַיִם

1. עַל הַשּׁוּלְחָן ___קְעָרָה___ שֶׁל ___פֶּסַח___ .
2. הַיְלָדִים שָׁרִים ________ ________ .
3. אַבָּא ________ בַּ________ .
4. הַמֶּלֶךְ ________ מֶלֶךְ ________ .
5. הַיְהוּדִים ________ מִ________ .
6. הַיְהוּדִים ________-________ .

חַג הַפֶּסַח, חַג אָבִיב

Passover, a celebration of spring

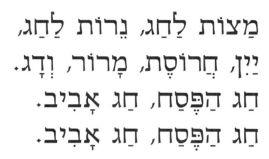

מַצּוֹת לֶחָג, נֵרוֹת לֶחָג,
יַיִן, חֲרוֹסֶת, מָרוֹר, וְדָג.
חַג הַפֶּסַח, חַג אָבִיב.
חַג הַפֶּסַח, חַג אָבִיב.

אֲנִי קוֹרֵא בַּהַגָּדָה,
אֲנִי אוֹמֵר מַה נִּשְׁתַּנָּה.
חַג הַפֶּסַח, חַג אָבִיב.
חַג הַפֶּסַח, חַג אָבִיב.

אֲנִי אוֹכֵל מַצָּה טוֹבָה,
אֲנִי גַּם שָׁר חַד גַּדְיָא.
חַג הַפֶּסַח, חַג אָבִיב.
חַג הַפֶּסַח, חַג אָבִיב.

תַּרְמִילוֹן

spring	אָבִיב
ḥaroset	חֲרוֹסֶת
bitter herb	מָרוֹר
fish	דָּג
Ḥad Gadyah, One Kid	חַד גַּדְיָא

100

Matzah Code

Next to each English word, write the Hebrew word with the same meaning. Write one letter in each space; leave out the vowels.

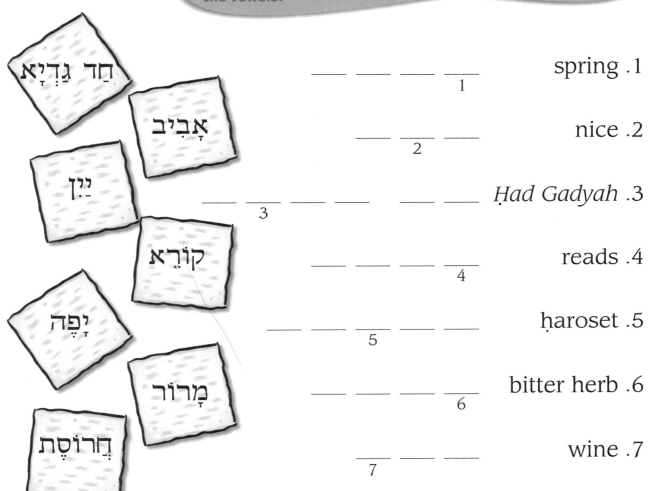

חַד גַּדְיָא

אָבִיב

יַיִן

קוֹרֵא

יָפֶה

מָרוֹר

חֲרוֹסֶת

spring .1

__ __ __ __ __
         1

nice .2

__ __ __ __
    2

Ḥad Gadyah .3

__ __ __ __ __ __ __
  3

reads .4

__ __ __ __
    4

ḥaroset .5

__ __ __ __ __
    5

bitter herb .6

__ __ __ __
    6

wine .7

__ __ __
  7

Now write every letter that has a number under it in the numbered spaces at the bottom of the page. What is the new word?

__ __ __ __ __ __ __
7 6 5 4 3 2 1

Map of Israel

Connect the English and Hebrew names of each city.

1. Tel Aviv
2. Jerusalem
3. Eilat
4. Haifa
5. Be'er Sheva
6. Safed

אֵילַת
צְפַת
חֵיפָה
בְּאֵר־שֶׁבַע
תֵּל־אָבִיב
יְרוּשָׁלַיִם

Write the English names of the cities that are on the map in the corresponding spaces below.

1. _____
2. _____
3. _____
4. _____
5. _____
6. _____

צְפַת

חֵיפָה

תֵּל־אָבִיב

יְרוּשָׁלַיִם

בְּאֵר־שֶׁבַע

אֵילַת

113

chapter 14

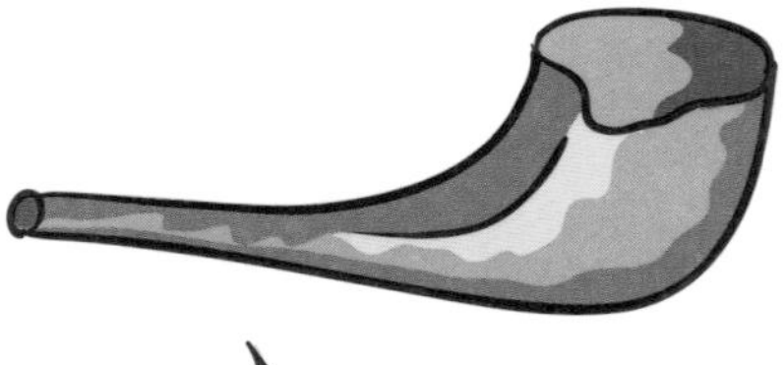

כָּל שָׁנָה

The Jewish holidays on parade

בְּרֹאשׁ הַשָּׁנָה, כָּל שָׁנָה,
אוֹמְרִים שָׁנָה טוֹבָה.

בְּחַג סוּכּוֹת, כָּל שָׁנָה,
מְבָרְכִים עַל לוּלָב וְאֶתְרוֹג בַּסוּכָּה.

בְּשִׂמְחַת תּוֹרָה, כָּל שָׁנָה,
הוֹלְכִים עִם דְּגָלִים וְקוֹרְאִים בַּתּוֹרָה.

בַּחֲנוּכָּה, כָּל שָׁנָה,
מַדְלִיקִים נֵרוֹת בַּחֲנוּכִּיָּה.

בְּט"וּ בִּשְׁבָט, כָּל שָׁנָה,
לָעֵצִים שָׁרִים תּוֹדָה.

מִילוֹן

year	שָׁנָה

תַּרְמִילוֹן

bless (pl)	מְבָרְכִים
walk (pl)	הוֹלְכִים
flags	דְּגָלִים
Shavuot	שָׁבוּעוֹת
giving of the Torah	מַתַּן תּוֹרָה

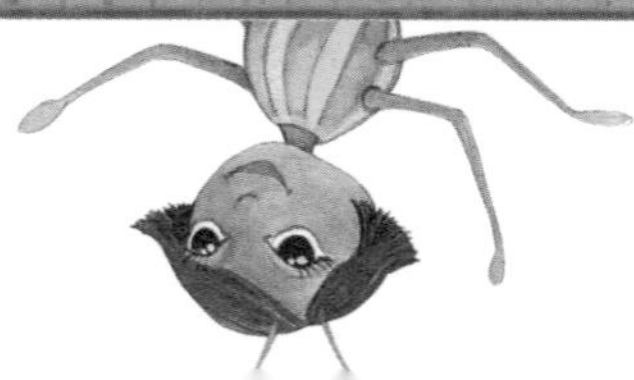

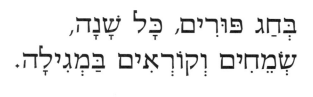

בְּחַג פּוּרִים, כָּל שָׁנָה,
שְׂמֵחִים וְקוֹרְאִים בַּמְגִילָה.

בְּחַג הַפֶּסַח, כָּל שָׁנָה,
אוֹכְלִים מַצָּה וְקוֹרְאִים בַּהַגָּדָה.

בְּיוֹם הָעַצְמָאוּת, כָּל שָׁנָה,
לְאֶרֶץ יִשְׂרָאֵל יֵשׁ חֲגִיגָה.

בְּחַג הַשָּׁבוּעוֹת, כָּל שָׁנָה,
חַג שָׂמֵחַ, מַתַּן תּוֹרָה.

אֲבָל כָּל שָׁבוּעַ בַּשָּׁנָה
יֵשׁ לָנוּ חַג שֶׁל מְנוּחָה.
יוֹם שֶׁל נֵרוֹת, יַיִן, וְחַלָּה,
יוֹם שַׁבָּת, יוֹם שֶׁל בְּרָכָה.

יוֹם שַׁבָּת, יוֹם שֶׁל בְּרָכָה.
שַׁ בּת שָׁלוֹם.

Word Match

Connect the Hebrew word to its English meaning.

bless	1. שָׁרִים
give	2. אוֹכְלִים
sing	3. מְבָרְכִים
eat	4. נוֹתְנִים

read	5. אוֹמְרִים
stand	6. מְצַיְרִים
say	7. עוֹמְדִים
draw	8. קוֹרְאִים

go out	9. הוֹלְכִים
light	10. יוֹצְאִים
happy	11. מַדְלִיקִים
walk	12. שְׂמֵחִים

He, She, or They?

The ending ים. shows that a verb is plural.

Circle the correct form of the verb for each sentence below and write it in the blank space.

1. דָּוִד _____ לַבַּיִת.　　הוֹלֵךְ, הוֹלֶכֶת, הוֹלְכִים

2. דּוֹרוֹן וְדִינָה _____ בַּמְּגִילָה.　　קוֹרֵא, קוֹרֵאת, קוֹרְאִים

3. אִמָּא _____ תּוֹדָה.　　אוֹמֵר, אוֹמֶרֶת, אוֹמְרִים

4. הַמּוֹרָה _____ בַּכִּתָּה.　　עוֹמֵד, עוֹמֶדֶת, עוֹמְדִים

5. אָח קָטָן _____ נֵרוֹת.　　מַדְלִיק, מַדְלִיקָה, מַדְלִיקִים

6. סַבָּא וְסַבְתָּא _____ עַל הַיַּיִן.　　מְבָרֵךְ, מְבָרֶכֶת, מְבָרְכִים

7. הָעַכְבָּר _____ פִּיצָה.　　אוֹכֵל, אוֹכֶלֶת, אוֹכְלִים

8. הַנְּמָלָה _____ לַ, לַ, לַ.　　שָׁר, שָׁרָה, שָׁרִים

117

עַכְבָּר שָׂמֵחַ

When is Bar very, very happy?

עַכְבָּר שָׂמֵחַ בְּרֹאשׁ הַשָּׁנָה,
כִּי אוֹכְלִים חַלָּה עֲגוּלָה.
עַכְבָּר שָׂמֵחַ בַּחֲנוּכָּה,
כִּי אוֹכְלִים לְבִיבָה טוֹבָה.
עַכְבָּר שָׂמֵחַ בְּחַג הָעֵצִים,
כִּי בְּט"וּ בִּשְׁבָט אוֹכְלִים צִמּוּקִים.

עַכְבָּר שָׂמֵחַ בְּחַג הַפּוּרִים,
כִּי אוֹכְלִים אָזְנֵי הָמָן טוֹבִים.
בְּחַג הַפֶּסַח שָׂמֵחַ הָעַכְבָּר,
כִּי אוֹכְלִים מָתוֹק, גַּם מַר.
אֲבָל בְּחַג הַשָּׁבוּעוֹת
עַכְבָּר שָׂמֵחַ מְאֹד, מְאֹד.
בְּחַג הַשָּׁבוּעוֹת לָעַכְבָּר מַתָּנָה,
כִּי בְּחַג הַשָּׁבוּעוֹת אוֹכְלִים גְּבִינָה!

תַּרְמִילוֹן

round ḥallah	חַלָּה עֲגוּלָה
raisins	צִמּוּקִים
sweet	מָתוֹק
bitter	מַר
cheese	גְּבִינָה

Name That Holiday

Write the name of the holiday under the matching food.

ט״ו בִּשְׁבָט	חֲנוּכָּה	רֹאשׁ הַשָּׁנָה
שָׁבוּעוֹת	פֶּסַח	פּוּרִים

_____

_____

_____

_____

_____

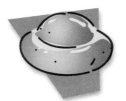

_____

Holiday Match

Write the word or phrase that completes each sentence.

שָׁנָה טוֹבָה
חַלָּה עֲגוּלָּה

1. בְּרֹאשׁ הַשָּׁנָה אוֹכְלִים ____________.

בְּרֹאשׁ הַשָּׁנָה אוֹמְרִים ____________.

בַּסּוּכָּה
לוּלָב וְאֶתְרוֹג

2. בְּסוּכּוֹת יוֹשְׁבִים ____________.

בְּסוּכּוֹת מְבָרְכִים עַל ____________.

תּוֹרָה
דְגָלִים

3. בְּשִׂמְחַת תּוֹרָה קוֹרְאִים בַּ ____________.

בְּשִׂמְחַת תּוֹרָה הוֹלְכִים עִם ____________.

לְבִיבוֹת
נֵרוֹת

4. בַּחֲנוּכָּה מַדְלִיקִים ____________.

בַּחֲנוּכָּה אוֹכְלִים ____________.

5. בְּט"ו בִּשְׁבָט שָׁרִים לָ ______.
בְּט"ו בִּשְׁבָט אוֹכְלִים ______.

צִמּוּקִים
עֵצִים

6. בְּפוּרִים קוֹרְאִים בַּ ______.
בְּפוּרִים אוֹכְלִים ______.

אָזְנֵי הָמָן
מְגִילָה

7. בְּפֶסַח קוֹרְאִים בַּ ______.
בְּפֶסַח אוֹכְלִים ______.

הַגָּדָה
מַצָּה

8. בְּשָׁבוּעוֹת קוֹרְאִים בַּ ______.
בְּשָׁבוּעוֹת אוֹכְלִים ______.

גְּבִינָה
תּוֹרָה

9. בְּשַׁבָּת מַדְלִיקִים ______.
בְּשַׁבָּת מְבָרְכִים עַל ______.

יַיִן וְחַלָּה
נֵרוֹת

checkpoints

chapters 1-14

Checkpoint 1

Circle the Hebrew word that means the same as the English.

.1	year	שָׁבוּעַ	שָׁנָה	שֶׁקֶט	שֶׁמֶשׁ
.2	take	רוֹצֶה	עוֹבֵד	שָׁר	לוֹקֵחַ
.3	land	אָרוֹן	גֶּשֶׁם	כִּתָּה	אֶרֶץ
.4	color	נֵרוֹת	פֶּרַח	צֶבַע	לֵיצָן
.5	flag	דֶּגֶל	סוּס	כִּסֵּא	דַּף
.6	king	מְעִיל	מֶלֶךְ	מִשְׁפָּחָה	מַתָּנָה
.7	wise	חָדָשׁ	קָטָן	חָכָם	שָׂמֵחַ
.8	noise	קוּפְסָה	תּוֹדָה	לַיְלָה	רַעַשׁ
.9	blue	שָׁחוֹר	כָּחוֹל	יָרוֹק	לָבָן
.10	think	אוֹהֶבֶת	כּוֹתֶבֶת	חוֹשֶׁבֶת	עוֹמֶדֶת

Checkpoint 2

Write the Hebrew word that completes each sentence below.

עוֹלָם	גָּר	אוֹמֶרֶת	פֵּרוֹת	בּוֹקֶר
נוֹתֵן	גֶּשֶׁם	הַרְבֵּה	עוֹשָׂה	לֶחֶם

lives	מִי ______ בַּבַּיִת הַגָּדוֹל?	.1
many	בַּכִּתָּה יֵשׁ ______ יְלָדִים.	.2
says	הַמּוֹרָה ______ : הִנֵּה סֵפֶר חָדָשׁ.	.3
rain	יֵשׁ ______ וְאֵין לִי מִטְרִיָּה.	.4
morning	סַבָּא אוֹכֵל גְּבִינָה בַּ ______.	.5
makes	סַבְתָּא ______ חַלָּה טוֹבָה.	.6
bread	אַבָּא אוֹמֵר בְּרָכָה עַל הַ ______.	.7
gives	הַמּוֹרֶה ______ עִפָּרוֹן לְדוֹרוֹן.	.8
world	אֱלֹהִים בָּרָא ______ יָפֶה.	.9
fruit	לִילִי אוֹהֶבֶת לֶאֱכוֹל ______.	.10

Vocabulary

א

אַבָּא	father
אָבִיב	spring
אֲבָל	but
אָדוֹם	red
אוֹ	or
אוֹהֵב/אוֹהֶבֶת	likes, loves (m/f)
אוֹזְנַיִם	ears
אוֹכֵל/אוֹכֶלֶת	eats (m/f)
אוֹכְלִים	eat (pl)
אוּלַי	maybe
אוֹמֵר/אוֹמֶרֶת	says (m/f)
אוֹמְרִים	say (pl)
אוֹר	light
אָזְנֵי הָמָן	Hamantashen
אָח	brother
אָחוֹת	sister
אַחֲרֵי	after
אֵין	there is (are) not
אֵין לִי	I do not have
אֵיפֹה	where
אִישׁ	man
אֱלֹהִים	God
אִם	if
אִמָּא	mother
אֲנִי	I
אֲנָשִׁים	people
אַף	nose
אָרוֹן, אֲרוֹנוֹת	closet(s)
אֶרֶץ	land
אֶרֶץ אֲבוֹתַי	the land of my ancestors
אֶרֶץ יִשְׂרָאֵל	the land of Israel
אַתָּה/אַתְּ	you (m/f)
אֶתְרוֹג	etrog

ב

בְּ__, בַּ__	in, in the
בָּא/בָּאָה	comes (m/f)
בּוֹכֶה/בּוֹכָה	cries (m/f)
בּוֹקֶר	morning
בֵּיצָה	egg
בַּיִת	house
בְּנֵי-חוֹרִין	free people
בְּצֶבַע	colored
בָּרָא	created (m)
בְּרָכָה, בְּרָכוֹת	blessing(s)

ג

גְּבִינָה	cheese
גָּדוֹל/גְּדוֹלָה	big (m/f)
גַּם	also
גַּן	garden
גָּר/גָּרָה	lives (m/f)
גֶּשֶׁם	rain

ד

honey	דְּבַשׁ
fish	דָּג, דָּגִים
flag(s)	דֶּגֶל, דְּגָלִים
sheet (of paper)	דַּף

ה

the	הַ_
Haggadah	הַגָּדָה
he	הוּא
goes, walks (m/f)	הוֹלֵךְ/הוֹלֶכֶת
walk (pl)	הוֹלְכִים
she	הִיא
today	הַיּוֹם
here is, here are	הִנֵּה
mountain	הַר
many	הַרְבֵּה

ו

and	וְ_

ז

this, this is (m)	זֶה

ח

friend (m)	חָבֵר
holiday	חַג
party	חֲגִיגָה
happy holiday	חַג שָׂמֵחַ
Ḥad Gadya, One Kid	חַד גַּדְיָא
new (m/f)	חָדָשׁ/חֲדָשָׁה
thinks (m/f)	חוֹשֵׁב/חוֹשֶׁבֶת
animals	חַיּוֹת
wise (m)	חָכָם
ḥallah, ḥallot	חַלָּה, חַלּוֹת
round ḥallah	חַלָּה עֲגוּלָה
warm	חַם
Ḥanukkah	חֲנוּכָּה
Ḥanukkah menorah	חֲנוּכִּיָּה
ḥaroset	חֲרוֹסֶת
darkness	חֹשֶׁךְ

ט

Tu B'Shevat	ט״וּ בִּשְׁבָט
good (m/f)	טוֹב/טוֹבָה
good (pl)	טוֹבִים
foolish (m)	טִפֵּשׁ

י

Jew(s), Jewish	יְהוּדִי, יְהוּדִים
day	יוֹם
birthday	יוֹם הוּלֶדֶת
Independence Day	יוֹם הָעַצְמָאוּת
Thursday	יוֹם חֲמִישִׁי
Sunday	יוֹם רִאשׁוֹן
Wednesday	יוֹם רְבִיעִי
Shabbat, Saturday	יוֹם שַׁבָּת
Friday	יוֹם שִׁישִׁי
Tuesday	יוֹם שְׁלִישִׁי
Monday	יוֹם שֵׁנִי

יוֹצְאִים	go out (pl)
יַיִן	wine
יֶלֶד/יַלְדָּה	boy, girl
יְלָדוֹת	girls
יְלָדִים	children, boys
יָפֶה/יָפָה	nice, pretty (m/f)
יָרוֹק	green
יָרֵחַ	moon
יֵשׁ	there is, there are
יֵשׁ לְ—	has, have
יֵשׁ לִי	I have
יֵשׁ לְךָ/יֵשׁ לָךְ	you have (m/f)
יֵשׁ לָנוּ	we have
יִשְׂרָאֵל	Israel

כ

כּוֹבַע	hat
כּוֹכָבִים	stars
כּוּלָם	everyone
כּוֹתֵב/כּוֹתֶבֶת	writes (m/f)
כָּחוֹל	blue
כִּי	because
כָּל	all, every
כָּל יוֹם	every day
כֵּן	yes
כִּסֵּא	chair
כִּתָּה	class(room)
כֶּתֶר	crown

ל

לְ—, לָ—, לַ—	to, for, to the, for the
לֹא	no
לֶאֱכוֹל	to eat
לְבִיבָה, לְבִיבוֹת	latke(s)
לָבָן	white
לְהַדְלִיק	to light
לִהְיוֹת	to be
לוּחַ	chalkboard
לוּלָב	lulav
לוֹקֵחַ/לוֹקַחַת	takes (m/f)
לֶחֶם	bread
לִי	to me
לַיְלָה	night
לֵיצָן	clown
לְךָ/לָךְ	to you (m/f)
לָמָּה	why

מ

מִ—	from
מְאֹד	very
מְבָרְכִים	bless (pl)
מְגִילָּה	Megillah
מְדַבֵּר/מְדַבֶּרֶת	speaks (m/f)
מַדְלִיק/מַדְלִיקָה	lights (m/f)
מַדְלִיקִים	light (pl)
מַה	what
מַה נִּשְׁתַּנָּה	*Mah Nishtanah,* the Four Questions
מוֹרֶה/מוֹרָה	teacher (m/f)
מַחְבֶּרֶת/מַחְבָּרוֹת	notebook(s)
מִטְרִיָּה	umbrella
מִי	who

מַיִם	water
מֶלֶךְ	king
מַלְכָּה	queen
מְנוּחָה	rest
מַסֵּכָה/מַסֵּכוֹת	mask(s)
מִסְתּוֹבֵב/מִסְתּוֹבֶבֶת	spins (m/f)
מְעִיל	coat
מַצָּה/מַצּוֹת	matzah
מְצַיֵּר/מְצַיֶּרֶת	draws (m/f)
מְצַיְּרִים	draw (pl)
מִצְרַיִם	Egypt
מַר	bitter
מָרוֹר	bitter herb
מִשְׁפָּחָה	family
מִשְׁקָפַיִם	eyeglasses
מָתוֹק	sweet
מַתַּן תּוֹרָה	giving of the Torah
מַתָּנָה/מַתָּנוֹת	gift(s)

נ

נוֹתֵן/נוֹתֶנֶת	gives (m/f)
נְמָלָה	ant
נֵס גָּדוֹל הָיָה שָׁם	a great miracle happened there
נֵר/נֵרוֹת	candle(s)

ס

סַבָּא	grandfather
סְבִיבוֹן	dreidel
סַבְתָּא	grandmother
סֵדֶר	seder
סוּכָּה	sukkah
סוּס	horse
סֵפֶר/סְפָרִים	book(s)

ע

עֲבָדִים	slaves
עֲבוֹדָה	work
עוֹבֵד/עוֹבֶדֶת	works (m/f)
עוּגָה, עוּגוֹת	cake(s)
עוּגִיָּה	cookie
עוֹלָם	world
עוֹמֵד/עוֹמֶדֶת	stands (m/f)
עוֹשֶׂה/עוֹשָׂה	makes, does (m/f)
עוֹשִׂים	make, do (pl)
עֵינַיִם	eyes
עָיֵף/עֲיֵפָה	tired (m/f)
עַכְבָּר	mouse
עַל	on
עַל-יַד	next to
עִם	with
עַם	nation, people
עַם יִשְׂרָאֵל חַי	the nation of Israel lives
עִפָּרוֹן	pencil
עֵץ/עֵצִים	tree(s)

פ

פֶּה	mouth
פּוּרִים	Purim
פֶּסַח	Passover
פֵּרוֹת	fruit (pl)